DEFENSE
DU
PAGANISME
PAR
L'EMPEREUR JULIEN,
EN GREC ET EN FRANÇOIS,
AVEC
DES DISSERTATIONS ET DES NOTES
Pour
Servir d'Eclaircissement au Texte,
& pour en réfuter les Erreurs;
Par
Mr. LE MARQUIS D'ARGENS,
Chambellan de S. M. le Roi de Prusse,
de l'Académie Royale des Sciences & Belles Lettres
de Berlin, Directeur de la Classe de Philologie.

TOM. I.

Troisième Edition augmentée de plusieurs dissertations qui ne se trouvent pas dans les précédentes.

A BERLIN, 1769.
Chez CHRETIEN FREDERIC VOSS.

Nempe ergo cujus vult miferetur, quem autem vult indurat. Paul. Epift. ad Romanos. Cap. IX. verf. 18.

Il fait mifericorde à celui qu'il veut, & endurcit celui qu'il veut. *Epit. de St. Paul aux Rom. Chap. IX. verfet 18.*

A

MONSIEUR

D'ALEMBERT,

de l'Académie françoise, des Académies royales des sciences de Paris & de Berlin, de la Société royale de Londres, &c.

MONSIEUR,

La poſtérité ne juge pas des ecrivains ſeulement par leurs ouvrages, mais auſſi par la conduite qu'ils ont tenue, & par les perſonnes dont ils ont été eſtimés. Permettez que je me glorifie d'être du nombre de vos amis.
Votre

Votre génie a illuftré les fciences; vos vertus, votre défintereffement ont rendu ceux qui les cultivent refpectables: vous avez montré à l'Univers qu'un véritable philofophe préfere la tranquillité aux richeffes, & aux emplois les plus diftingués. Après avoir refufé les offres d'une grande Souveraine, vous n'avez pas accepté celles d'un Roi illuftre par fes victoires; l'admiration que vous montrez pour fes éminentes qualités, n'a pu vous engager à perdre cette liberté fi néceffaire aux favans. La juftesse de votre efprit vous a fait connoître, que la cour ne doit pas être le féjour d'un philofophe. Votre exemple, Monfieur, fera une leçon bien utile pour ceux qui fauront en profiter: mais je crains (pour le malheur de la république des lettres) qu'il ne foit plus loué qu'imité. Les hommes ne commencent à fentir le prix de leur liberté, qu'après l'avoir perdue;

due; ils connoissent alors la vérité de cette sentence d'Homere:

Le même jour qui met un homme dans les fers
Lui ravit la moitié de sa vertu premiere.

Jouissez donc, Monsieur, de cette liberté si précieuse, que vous a conservé votre sagesse, continuez d'instruire les hommes par vos écrits, & par votre conduite. Vivez tranquillement, chéri de vos amis, admiré du public, respecté de tous les honnêtes gens; & dites souvent aux philosophes que l'ambition pourroit séduire, ce qu'Horace disoit à un homme de lettres qui vouloit devenir courtisan.

Dulcis inexpertis cultura potentis amici:
Expertus metuit. Horat. Epist. xviij. lib. I.

Je vous devois, Monsieur, l'hommage de l'ouvrage que je vous offre; vous daignates lui donner votre approbation lorsqu'il étoit en manuscrit; votre suffrage m'a été un garant certain de celle du

du public, & des differentes éditions qu'on a faites de cet ouvrage. J'ai augmenté cette troisieme de plusieurs dissertations: j'espere que vous ne les trouverez pas au dessous des premieres. j'ai l'honneur d'être avec la plus parfaite considération,

MONSIEUR,

à Potsdam,
ce 20 Septemb. 1768.

Votre très humble & très
obéissant Serviteur,
le Marquis d'Argens.

DISCOURS PRÉLIMINAIRE.

C'est à un des plus illustres Peres de l'Eglise, que l'on doit la conservation de l'Ouvrage dont je donne aujourdhui la Traduction; il l'a inséré dans la réfutation qu'il en a faite: j'ai simplement rassemblé les endroits du Livre de Julien, entre-coupés par les réponses de S. Cyrille; & à quelques lacunes près, j'ai trouvé en entier l'ouvrage de cet Empereur.[1] Le Pere Petau a regardé comme

---

[1] C'est à dire celui qu'a réfuté St. Cyrille, Car Julien avoit encore écrit deux autres livres contre les Chrétiens, que nous n'avons plus au-

me une preuve de la bonne foi & de l'exactitude de S. Cyrille, qu'il ait conservé en original toutes les objections aux quelles il répondoit. Ce savant Jésuite a le premier observé que tout l'ouvrage de Julien se trouvoit dans la réfutation que nous en a laissée ce Pere de l'Eglise. Il y a cependant quelques lacunes assez considérables, malgré la liaison qui paroît être entre les différents morceaux que S. Cyrille a conservés. Cela est évident par la Maniere dont quelques-uns de ces morceaux sont rapportés. Par exemple, après avoir cité le texte de Julien, S. Cyrille ajoute quelquefois *καὶ μεθ' ἕτερα ensuite, & après ces choses;* ce qui marque un défaut de continuation dans le Texte. Dans d'autres endroits les lacunes sont encore plus marquées ; comme

jourdui. St. Cyrile fait mention de ces deux autres livres. Julien, dit-il, composa trois livres contre les Evangiles : καὶ δὴ τρία συγγέγραφε Βιβλία κατὰ

me dans celui-ci, où S. Cyrille ne rapporte rien du Texte, & où il se contente de dire: „Julien emploie ici beaucoup de discours; „mais, en les rassemblant en un seul point es-„sentiel, nous éviterons toutes les subtilités in-„utiles.„ Καὶ ταυτὶ μὲν ἅπαντα διὰ μακρῶν εἴρηται λόγων, συνενεγκόντες δὲ ἡμεῖς τὰς τῶν εἰρημένων ἐννοίας, περιττῆς καὶ ἀνονήτυ ϛενολεσχίας τὸν λόγον ἀπηλλάξαμεν. Cyril. cont. Jul. Lib. X. pag. 351.

Quoique les endroits du Texte de Julien qui sont abrégés ou omis, soient très-rares, il s'ensuit toujours que nous n'avons pas tout l'ouvrage de Julien: il est vrai que ce qu'il y manque est peu de chose; mais le Pere Petau & Mr. Bayle, qui paroît avoir suivi le sentiment de ce Jésuite, n'ont pas été fondés

à

τὸ ἅγιον εὐαγγέλιον. L'on trouvera ce passage de St. Cyrille beaucoup plus au long vers la fin de ce discours préliminaire.

à foutenir que l'ouvrage de Julien eft parvenu à nous fans lacunes, & qu'en raffemblant les morceaux féparés on le trouve en entier.

Il m'a fallu quelquefois, dans ma Traduction, ajouter une ligne ou deux au Texte, pour unir la fuite du fens, dans les endroits où fe trouvoient quelques lacunes. C'eft ce que j'ai toujours marqué exactement dans les notes; mais je ne crois pas avoir eu befoin de me fervir de cette licence plus de cinq ou fix fois dans tout l'ouvrage.

Peut-être les gens médiocrement éclairés me reprocheront d'avoir mis en langue vulgaire, un ouvrage qui fut autrefois compofé con-

---

[2] Juliani imperatoris, impietate ac perfidia quam rebus cæteris notioris, opera indigna effe Chriftiani quæ legant, exiftimabit aliquis, nec noftrum de illis edendis confilium probabit. Sed idem tamen, fi ad illum, unde hæc nafci querela poteft, pietatis ardorem judicii paullulum

contre les Chrétiens. Je pourrois d'abord leur répondre simplement que cet ouvrage a été conservé par un Pere de l'Eglise; mais j'entrerai dans un plus grand détail, & je leur dirai avec le Pere Petau, qui a donné une Edition grecque des ouvrages de Julien; [2] que si ceux qui condamnent les Auteurs qui les ont publiés, veulent tempérer par la raison & par le jugement, l'ardeur de leur zele; ils penseront différemment, & sépareront de la mauvaise intention de l'Ecrivain, le bon usage qu'on peut faire de son livre.

Le même Pere Petau remarque judicieusement, que [3] si nous étions encore dans un

tems

addat ac prudentiæ, aliter profecto sentiet; atque ab auctoris invidia librorum usum utilitatemque secernet. Dionisii Petavii Præfatio in Juliani opera.

[3] Etenim si ea nunc essent tempora, quibus Dæmonum superstitio adhuc mentes occuparet

tems où les Démons se servoient de l'idolatrie pour séduire les hommes, il seroit prudent de ne fournir aucun secours, & de ne prêter aucune invective contre Jesus-Christ & contre les Chrétiens, aux organes de ces Démons; mais puisque, par les bienfaits de Dieu, & par le secours de la croix qui a opéré notre salut, les dogmes monstrueux du

hominum; cautionis id videri posset, hoc illi qualecumque negare præsidium: nec ea vulgare passim, quæ contumeliis in Christum, & Christianum nomen adspersa sunt. Sed quum immortali Dei beneficio, salutiferæque vi crucis ac virtute, sic illa pridem extincta sit, nihil jam ut ab ea peste metuatur; nulla satis idonea caussa superest, cur adversus hæc monimenta scriptorum infamium, pertinax bellum & implacabile ultra capiamus. id. ib.

4 Est idem de his libris statuendum, quod de fanis ac simulacris Deorum veteres Christiani decreverunt. Qui quidem initio, iis in provinciis, ubi primum efferre se religio Christiana cœperat, templa funditus evertere, conflagrare

Paganisme sont ensévelis dans l'oubli, nous n'avons plus rien à craindre de cette peste. Il n'est aucune raison valable pour s'élever contre les monuments qui nous restent de l'égarement des payens, & pour vouloir les détruire totalement: il faut au contraire les traiter, [4] dit le même Pere Petau, ainsi que les anciens Chrétiens en agirent avec les Temples

statuas, ac comminuere solebant: ne quod impietatis vestigium ad tyronum oculos accideret, cujus aspectus recordationem pristini cultus amoremque renovaret. Post vero constituta Christiana re, quum jam satis corroborati essent ad fidei constantiam animi; utilius visum est, aris ac statuis inde submotis, parietibus templorum tectisque parcere; ut ea Christianis expiata ritibus, veri ad honorem numinis converterent. Simulacra vero & idola non deinceps omnia confregerunt, sed elegantiora quæque reservarunt & affabre facta: quæ in foris locisque publicis exponerent, ad urbium ornatum ac spectaculum: Quæ quum intuerentur posteri, meminissent, quantis ipsorum majores occœcati te-

ples & les simulacres des Dieux. Ils les renverserent d'abord de fond en comble, dans les Provinces où ils eurent de l'autorité; pour qu'il ne parût rien dans la postérité, qui pût perpétuer l'impiété, & rappeller les hommes par la vue à un culte abominable. Lorsque ces mêmes Chrétiens eurent établi leur religion d'une maniere stable, il leur sembla plus raisonnable, ayant détruit les autels & les statues des Dieux, de conserver les Temples; afin qu'après les avoir purifiés, ils pussent servir au culte du vrai Dieu: ces mêmes Chrétiens nonseulement ne briserent plus les statues & les images des Dieux; mais ils mirent les plus belles, qui avoient été faites par les plus célebres ouvriers, dans les Pla-

ces

nebris fuissent; & ejus, a quo inde erant erepti, pluris in se beneficium ducerent. id. ib.

[5] Præterea veteris Ecclesiæ mores, & Christianorum disciplinam, eadem Juliani scripta con-

ces publiques, pour servir à l'ornement des Villes, & pour rappeller dans la mémoire de ceux qui les voyoient, combien avoit été grand l'aveuglement de leurs Ancêtres, & combien étoit puissante la grace, qui les avoit délivrés de cet aveuglement.

Continuons d'examiner les avantages que le Pere Petau trouve dans la publication des ouvrages de Julien; & rendons l'Apologie de ma Traduction plus convaincante, par les sages réflexions de cet habile Jésuite. Les Ecrits, [5] dit-il, de l'Empereur Julien contiennent les usages, les mœurs, & la discipline de l'ancienne Eglise. C'est avec fondement, que ce savant Théologien fait cette utile observation: car sans vouloir entrer dans une

---

tinent: quorum ritus & consuetudines, licet invidens & obtrectans, adeo suspexit, uti dignos judicaret, quos, si posset, in suas partes imitando transferret. id. ib.

une dispute aussi déplacée qu'inutile, il est certain, n'en déplaise aux Protestans, qu'on trouve dans l'ouvrage de Julien une preuve autentique, que dès le tems des Apôtres, les Chrétiens pryoient sur les tombeaux des Martyrs, & qu'ils leur adressoient leurs prieres, comme à des intercesseurs auprès de Dieu. On voit aussi qu'avant Julien, la célébration de la Cêne étoit appellée un *sacrifice*; d'où vient donc les Réformés se récrient-ils aujourdhui si fort contre le mot de *sacrifice* dans la Messe, puisque le sacrement de la Cêne étoit, déja longtems avant Julien, appellé *un sacrifice?*

On trouve encore, [6] dit le Pere petau des avantages dans la Lecture des ouvrages de

---

[6] Accedunt minora illa quidem, sed gratiora quibusdam, quæ ex his libris capiuntur, adjumenta doctrinæ; quæ ad historiam, antiquitatem, proprietatem sermonis & elegantiam, partesque reliquas attinent eruditionis ejus, cui ab humanitate nomen tribuitur. Nam sunt hic ali-

de Julien, moins confidérables à la vérité, que ceux qu'on retire de la connoiffance de l'hiftoire Eccléfiaftique; mais qui cependant ne laiffent pas que d'être trés-utiles: ils regardent l'hiftoire prophane, les antiquités, l'élégance & la pureté du langage, enfin toutes les parties des fciences, auxquelles on à donné le nom *d'humanités*. L'on peut dire que dans ce genre, on trouve des chofes dans les ouvrages de Julien, qu'on ne découvre en aucun autre endroit.

Il feroit à fouhaiter pour le Pere Petau, qu'ayant penfé d'une maniere fi judicieufe fur les ouvrages de Julien, il eût eu de la perfonne de cet Empereur une idée auffi jufte. Je ne fais par quel caprice il trouve [7] mauvais,

qua, quæ vel nusquam leguntur alibi; vel plenius, quam ab aliis; nec fine fcitu digniffimarum rerum acceffione tractantur. id. ib.

[7] Quo in genere poftremus editor Juliani Cæfarum nimis temere; ne quid afperius dicam quod dici profecto poteft; qui fic ornare Julia-

vais qu'un savant Professeur ait loué les vertus civiles de Julien, & blamé les calomnies évidemment fausses que lui ont prodiguées presque tous les Auteurs ecclésiastiques, entre autres, S. Grégoire & S. Cyrille, qui aux bonnes raisons dont ils se servoient pour détruire les faux raisonnemens de Julien, mêloient

num laudibus est ausus, ut non solum supra meritum efferret, sed eam laudationem cum sanctorum Patrum vituperatione ac Christiani nominis injuria conjungeret. id. ib.

[8] C'est ainsi que St. Grégoire de Naziance reproche mal à propos à Julien d'avoir assisté, au milieu d'un nombre de femmes dont la vertu de plusieurs étoit suspecte, à des sacrifices offerts à Venus sa Minerve. Il ajoute qu'il n'y avoit rien de si indécent & de si ridicule, que de voir un Empereur présenter la coupe à des Courtisanes, & la recevoir d'elles à son tour au son des flûtes que Minerve, qui est si justement en exécration, n'entendoit pas.

Τὰς δὲ φυσήσεις, κὶ ἀντιφυσήσεις ἃς ὁ θαυμάσιος ἐκεῖνος, κὶ τὰ ἡμέτερα διασύρων τοῖς γραϋδίοις ἀντεπεδείκνυτο, τὸ 'εκιβώμιον πῦρ ἀνάπτων, πῦ λόγω θή-

loient des injures, dont les défenseurs de la vérité ne doivent jamais se servir. Ils ont, pour favoriser la bonne cause, calomnié cruellement ce Prince; ils ont confondu l'Empereur juste, sage, clément, généreux, rempli de valeur,[8] avec le Philosophe & le Théologien païen, qu'ils auroient dû réfuter simple-

σομεν; ἢ καλόν γε τῷ Ρωμαίων βασιλέως τὰς γνάθες ὁρᾷν ἀσχημονέσας, κ᾽ γέλωτα πολὺν παρεχέσας, ἐ τοῖς ἔξωθεν μόνον, ἀλλὰ κ᾽ αὐτοῖς οἷς ταῦτα ἀρέσκειν ὥστε τὴν Ἀθηνᾶν δὲ ἐκ ἤκουε τὴν ἑαυτῆς θεὸν, ὅτι τοῖς αὐλοῖς κατηράσατο οἷς ἐνασχημονῦσαν ἑαυτὴν κατεμάνθανεν, ἀντ᾽ ἰσόπτρε χρησαμένη τῷ ὕδατι. τὰς δὲ προπόσεις, κ᾽ φιλοτησίας ἃς δημοσία ταῖς πόρναις ἀντιπρεπίνετο ἀποκλέπτων τὸ ἀσελγὲς μυστηρίῳ σχήματι, πῶς ἐ θαυμάζει τις;

Jam sufflationes, & reflationes, quas admirandus ille vir doctrinæque nostræ sugillator, vetulis mulierculis in contrarium ostentabat, altaris ignem accendens, quo tandem orationis loco ponemus? Præclarum enim profectò erat, Imperatoris Romani buccas indecorè tumentes cernere, risumque ingentem non externis tantum, sed his etiam quibus hac ratione placere

plement par des raiſons, jamais par des in

ſe putabat, excitantes; Minervam autem ſuam tibias execratam non audiebat poſtquam aquis ſpeculi vice uſa, eas dedecori ſibi eſſe proſpexit. Propinationes verò, & pocula, quibus meretrices palam publicéque poſcebat viciſſimque poſcebatur, myſterii obtentu petulantem libidinem obuelans, quis non laude & admiratione proſequatur? *Gregor. Naz. Orat. 4. pag. 296.* Julien étoit néceſſairement obligé, en qualité de grand prêtre, de faire ces cérémonies, & il ne manquoit pas davantage à la dignité de ſouverain, en ſuivant les uſages établis dans Rome depuis Numa, qui avoit été lui-même grand Pontife; que le Pape en officiant dans ſa chapelle la ſemaine ſainte au chant de vingt quatre eunques, qui ſont payés des deniers de l'Egliſe, & entretenus pour chanter les prieres en muſique, que des hommes parfaits pouvoient exécuter comme eux. Mais l'uſage de ces Eunuques étant une fois établi, il a été légitimé par le tems; & ſi un proteſtant vouloit en faire un crime a la Cour de Rome, il ſeroit traité de ridicule, par tous les gens ſenſés de quelque religion quils fuſſent. Auguſte, qui ne croyoit pas d'avantage à Minerve que

injures, encore moins par des calomnies,
qui

St. Gregoire de Naziance, fut grand prêtre parcequ'il connut, combien la puissance du sacerdoce fortifiòt celle du souverain; tous les Empereurs avoient conservé la même dignité: Constantin & ses enfans la retinrent malgré le Christianisme, quelque bizarre & singuliere que parùt une parille charge dans un Empereur chrétien: ils connurent, combien il étoit dangereux de la céder à un autre. il en couta l'empire &' la vie à Gratien, qui fut le premier Empereur qui la refusa. Ecoutons parler un ancien historien, qui nous instruit de toutes les particularités que je viens de raporter. „Numa „Pompilius fut le premier, qui jouit de la dig„nité de souverain pontife, ensuite tous les „Rois de Rome après lui. Octave Auguste prit „cette Charge, & tous les Empereurs l'exer„cerent: Lors qu'ils parvenoient au trône, les „pontifes leur apportoient l'habit de grand prê„tre, & ils en prenoient ensuite le nom, et l'ac„ceptoient avec beaucoup de plaisir. Constantin „ne dédaigna pas cet honneur quoiqu'il eût em„brassé la religion des Chrétiens. Ses enfans „après lui, & après ses enfans Valentinien & „Valens conserverent la grande prêtrise: mais

qui étoient si évidemment fausses, qu'elles n'ont

„les Pontifes ayant apporté à Gratien, lorsqu'il „parvint à l'empire, les vêtemens de leur chef, „il les refusa, disant-qu'il ne convenoit pas à „un Chrétien de les recevoir & d'en faire usage." On assure que sur le refus de Gratien, un des principaux pontifes dit: puisque celui-ci ne veut pas être grand prêtre, Maxime le deviendra: & ce fut la Principale cause de la fin du regne de Gratien.

Zosime place un jeu de mots dans la bouche de ce pontife, qui ne peut être rendu en françois, parce qu'il y a une équivoque dans les mots ποντιφεξ μαξιμος qui veulent dire également, grand pontife ou Maxime pontife. Or ce fut Maxime qui fit périr Gratien: on pouvoit donc expliquer ce que disoit ce pontife, de deux manieres; si Gratien ne veut pas être pontife, il y aura un autre grand pontife, ou Maxime sera pontife. il est impossible de faire sentir cela en françois. Νομᾶς πομπίλιος πρωτος, καὶ πάντες ἐξῆς, οἵ τε λεγόμενοι ῥῆγες, καὶ μετὰ ἐκείνους Οκταβιανός τε αὐτός, καὶ οἱ μετὰ ἐκεῖνον τὴν Ρωμαίων παραδεξάμενοι μοναρχίαν, ἅμα γὰρ τῷ παραλαβεῖν ἕκαστον τὴν τῶν ὅλων ἀρχὴν, ἡ ἱερατικὴ στολὴ παρὰ τῶν ποντιφίκων αὐτῷ προςεφέρετο· καὶ παραχρῆμα πον-

n'ont pû s'accréditer, & prendre l'air de vérité,

τιφιξ μάξιμος ἀνεγράφετο, ὅπερ ἐςὶν ἀρχιερεὺς μέγιςος. οἱ μὲν ἂν ἄλλοι πάντες αὐτοκράτορες, ἀσμενέςατα φαίνονται δεξάμενοι τὴν τιμὴν, καὶ τῇ ἐπιγραφῇ χρησάμενοι ταύτῃ· ἐπεὶ δὲ εἰς κωνςαντῖνον ἦλθεν ἡ βασιλεία, καὶ ταῦτα τῆς ὀρθῆς ὁδοῦ τῆς περὶ τὰ θεῖα τραπεὶς, καὶ τὴν χριςιανῶν ἑλόμενος πίςιν, καὶ μετ᾽ ἐκεῖνον ἑξῆς οἱ ἄλλοι, καὶ Ὀυαλεντινιανός τε καὶ Ὀυάλης· τῶν ἂν Ποντιφίκων κατὰ τὸ σύνηθες προσαγαγόντων Γρατιανῷ τὴν ςολὴν ἀπεσείσατο τὴν αἴτησιν ἀθέμιτον εἶναι χριςιανῷ τὸ σχῆμα νομίσας· τοῖς τε ἱερεῦσι τῆς ςολῆς ἀναδοθείσης, φασὶ τὸν πρῶτον ἐν αὐτοῖς τεταγμένον εἰπεῖν, εἰ μὴ βούλεται ποντιφεξ ὁ βασιλεύς ὀνομάζεσθαι, τάχιςα γενήσεται Ποντιφεξ μάξιμος. Ἡ μὲν ἂν Γρατιανοῦ βασιλεία, τοιαύτην ἴσχε τὴν τελευτήν. *Primus quidem numa pompilius hunc honorem adeptus est; Omnesque deinceps qui reges appellati sunt ac post illos Octavianus ipse; quique post eum romano imperio successerunt. Simul enim atque summum imperium quisque consequebatur, amictus ei sacerdotalis offerebatur a pontificibus, & continuo pontificis maximi titulus ei tribuebatur, at cæteri quidem principes universi, lubentissimis animis hunc honorem accepisse, & hoc usi titulo videntur; adeoque constantinus etiam, potitus imperio; licet is a recta sacris*

rité, par le secours de quatorze siecles, pendant lesquels elles ont été très-souventrépétées.

Un *in rebus via deflexerit, & fidem christianorum amplexus sit, itemque post illum reliqui ordine secuti, & valentinianus & valens. Quum ergo pontifices ex more, talem gratiano amictum attulissent, aversatus est id quod petebant : ratus non esse fas illius modi habitu christianum uti, quumque Stola flaminibus reddita fuisset; ajunt eum qui dignitate princeps inter eos erat dixisse, si princeps non vult adpellari pontifex, Maximus fiet. igitur gratiani principatus exitum hujus modi habuit.* Zosimi hist. Lib. IV. pag. 200. L'on peut juger actuellement si St. Grégoire étoit en droit de reprocher à Julien, professant le paganisme, de faire les fonctions de la charge de grand prêtre, que tous les Empereurs depuis Auguste, avoient acceptée. Les reproches que St. Grégoire fait à Julien, si l'on excepte celui d'avoir abandonné le Christianisme, sont aussi peu fondés que celui d'avoir exercé la charge de souverain pontife.

⁹ *La Mothe le Vayer*, de la Vertu des Payens. art. Julien.

¹⁰ Entre les choses qui nous font reconnoître le plus clairement qu'il ne se peut faire que

Un sage philosophe [9] chrétien, en songeant aux grandes vertus dont Julien fut doué, [10]

au Julien n'eût de grandes vertus, l'honneur que lui rendit son successeur Jovien n'est pas des moindres. Ce Prince étoit si chrétien, qu'il s'offrit à perdre sa ceinture militaire longtems devant que d'être Empereur, & se présenta pour être dégradé, plutôt que de sacrifier selon l'ordonnance de Julien. Et lorsqu'il fut élu en sa place, il étoit résolu de renoncer à l'Empire à cause de la religion, dont il faisoit profession, si la meilleure partie de l'armée ne l'eût assuré qu'elle lui donneroit tout contentement pour ce regard, comme le rapporte Ruffin, & beaucoup d'autres après lui. Cependant son zele pour la Foi ne l'empécha pas d'estimer grandement le mérite de celui, qui l'avoit si fort persécuté, de lui destiner un très-superbe sépulcre, & de dire hautement, que le fauxbourg de Tarse, ni la riviere de Cydoe, quelque claire & agréable qu'elle fût, ne méritoient pas de garder ses cendres, que la seule Ville éternelle de Rome, & le Tybre devoient posséder. Certes, rien ne pouvoit obliger Jovien à parler si avantageusement d'un tel Prédécesseur, que la connoissance qu'il avoit des qualités ra-

au mépris [11] qu'il témoigna de la mort,
à
res & vertueuses, qui étoient en lui non obstant son Apostasie. On peut ajouter à cela l'honneur qu'il fit rendre à son cadavre, que toute l'armée accompagna jusques en la Ville de Tarse, où il le fit laisser comme en dépôt, avec une épitaphe, dans laquelle il est nommé très-excellent guerrier. Ne sait-on pas aussi que ce grand applaudissement, avec lequel le même Jovien fut reçu de toute la Milice, lorsqu'il fut proclamé Empereur, ne procéda que de la ressemblance de son nom à celui de Julien, qui ne différoit que d'une lettre? or il est certain qu' une bonne partie de cette milice étoit chrétienne, ce que témoigne assez l'élection qu'elle fit d'un Prince de notre religion. D'où pouvoit donc partir un si grand témoignage d'affection pour la mémoire d'un idolâtre persécuteur des fideles, si nous ne l'attribuons aux vertus éclatantes & vraiement impériales qui ne laissoient pas de le faire aimer, & de le rendre recommandable. *La Mothe le Vayer, de la vertu des Payens. Art. Julien. Tom. I. p. 696.*

[11] „Julien, qui étoit dans sa tente prêt à „rendre son ame, par les atteintes de sa bles-

à la constance avec laquelle il con-
sola

„sure, qui lui faisoit perdre tout son sang, dit
„à ceux qui étoient de bout, tout tristes autour
„de son lit: Enfin, mes Compagnons, le jour
„est venu que je dois sortir de cette vie; pou-
„vois-je souhaiter une heure plus favorable que
„celle-ci, en laquelle je paye de bonne volonté
„à la nature le tribut que je lui dois? non, non,
„mes Amis, je ne m'en afflige pas, & je n'ai
„point fait si peu mon profit des instructions de
„la philosophie, que je n'aie bien appris, que
„l'esprit doit être un jour plus heureux que le
„corps. Or considérant, combien la différence
„est grande d'une éminente condition à la moin-
„dre de toutes, j'ai à cette heure beaucoup plus
„d'occasion de me réjouir que de m'attrister
„quand même je ne voudrois pas me ressouvenir
„que les Dieux immortels ont souvent envoyé la
„mort à plusieurs personnes, pour récompense
„de leur piété.„ *Quæ dum ita aguntur, Julianus in tabernaculo jacens circumstantes allocutus est demissos & tristes: Advenit o Socii nunc abeundi tempus e vita impendio tempestivum, quam reposcenti naturæ ut debitor bonæ fidei redditurus exsulto: non ut quidam opinantur adflictus & mœrens, Philosophorum sen-*

ſola [12] ceux qui pleuroient autour de lui, & à ſon dernier entretien avec Maxime & Priſcus ſur l'immortalité de l'ame; dit *qu'il y a bien de-*

tentia generali perdoctus, quantum corpore ſit beatior animus, & contemplans quoties conditio melior a deteriore ſecernitur, lætandum eſſe potius quam dolendum. Illud quoque advertens, quod etiam Dii cœleſtes quibusdam piiſſimis mortem tanquam ſummum præmium perſolverunt. „Amian. Marcel. L. XX. c. III. p. 420. Edit. „Pariſ. MDCLXXXI.„

[12] „Quand il eut dit ces choſes, avec une „tranquillité d'eſprit admirable, il partagea ce „qu'il avoit de biens, à ſes plus intimes amis. „Il demanda Anatolius, grand maître des offi-„ciers du Palais; mais Saluſte Prefet des Gaules, „lui ayant répondu, *qu'il étoit heureux*, il en-„entendit bien qu'il avoit été tué: & pleura „amerement la mort de ſon ami, ayant mépriſé „la conſervation de ſa propre vie, peu de tems „auparavant. Et comme tous ceux qui étoient „autour de lui pleuroient, il leur dit: *qu'il étoit „indigne de pleurer un Prince qui mouroit en „la grace des Dieux.* Et puis diſcourant de „l'immortalité de l'ame avec les Philoſophes

PRÉLIMINAIRE. XXV

dequoi s'étonner, qu'après des témoignages d'une vertu, à laquelle il n'a manqué que la foi, pour être tenue bien-heureuse, S. Cyrille ait

„Maxime & priscus, sa plaie s'étant rouverte, „& ses veines qui s'étoient enflées le suffoquant, „il but de l'eau fraîche, qu'il demanda étant „fort altéré, & il expira vers le milieu de la „nuit, la 31.me année de son âge." *Post hæc placide dicta, familiares opes junctioribus velut supremo distribuens stilo, Anatolium quæsivit officiorum Magistrum: quem cum beatum fuisse Salustius respondisset Præfectus, intellexit occisum: acriterque amici casum ingemuit, qui elate ante contemserat suum. Et flentes inter hæc omnes qui aderant, auctoritate integra etiam tum increpabat: humile esse, cælo sideribusque conciliatum lugeri Principem, dicens. Quibus ideo jam silentibus, ipse cum Maximo & Prisco philosophis super animorum sublimitate perplexius disputans, hiante latius suffossi lateris vulnere, & spiritum tumore cohibente venarum, epota gelida aqua quam petiit, medio noctis horrore vita facilius est absolutus, anno ætatis altero & tricesimo.* id. ib.

ait voulu faire passer Julien, pour un Prince lâche & sans cœur. Ceux qui jugent des hommes, qui ont vécu dans les siecles passés, par ceux qui ont été dans ces derniers tems; sont moins surpris du procédé de S. Cyrille: il est rare que l'animosité & les injures n'aient pas été employées dans les disputes de religion. Qu'on parcoure les ouvrages de tous les Théologiens modernes, on y trouvera à peu de chose près, la même aigreur, les mêmes injures, & souvent les mêmes calomnies que la Mothe le Vayer reproche aux Peres qui ont réfuté Julien. Cet Empereur mérite plutôt d'être plaint que d'être calomnié:

son

---

13 Τίς ἂν ἄρα ἐςὶν ὁ τῇ τᾶ Χριςᾶ δόξῃ μεμαχημένος; πλεῖςοι μὲν ἂν ὅσοι κατὰ καιρὸς, οἱ πρόςγε τᾶτο διὰ τῆς τᾶ διαβόλᾶ σκαιότητος κατανενυγμένοι, μάλιςα δὲ πάντων ὁ τοῖς τῆς Βασιλείας αὐχήμασιν ἐμπρέψας ποτὲ Ἰελιανὸς, ἀγνοήσας δὲ τὸν τῆς βασιλείας καὶ τὸν δύναδαι κρατεῖν δοτῆρα Χριςόν. *Quis vero est qui adversus dei gloriam pugnavit, certe variis tem-*

son crime a été involontaire: ce fut par un funeste enchainement de causes secondes, qu'il tomba dans l'erreur qui lui fit embrasser avec tant de zele la défense du paganisme. Il étoit, pour me servir des termes de S. Augustin, au nombre de ceux qui ont été rejettés de tout tems, & condamnés à la mort éternelle dans le secret des jugemens de Dieu, avant qu'il fit le Ciel & la Terre. *Quos ante quam faceres cœlum & terram, secundum abissum judiciorum tuorum occultorum; semper autem justorum, præscivisti ad mortem æternam.* St. Cyrille [13] remarque lui-même, que Julien avoit été poussé invinciblement

par

poribus varii oborti sunt, ad id stimulante diabolo impulsi: præ ceteris vero Julianus ille imperii fastu & supremæ fortunæ ornamentis illustratus, sed Christum regni & potestatis dominandi datorem esse ignarus. Cyril. cont. Julian. lib. I. Præf.

par le Démon, à écrire son ouvrage contre les Chrétiens. Comment eût-il pu résister aux impressions de cet esprit malin; puisqu'il étoit au nombre de ceux qui ne peuvent jamais faire de bonnes actions, & dont les prieres même se changent en péché;

qui-

¹⁴ *Lib. folioque cap. 27. num. 4.* Saint Augustin en vingt endroits de ses ouvrages soutient avec le plus grand zele le même sentiment. „Dieu, *dit-il*, fait par sa bonté „les hommes, il crée les uns hors du péché." *Bonitate sua Deus facit homines, & primos sine peccato, & cæteros sub peccato, in usus profundarum cognitionum suarum.* Aug. de nuptiis & concupiscentia lib. 2. cap. XVI. Dans un autre ouvrage St. Augustin dit encore. „Dieu élut en Jesus Christ avant la création du „monde, ses membres; & comment pouvoit-il „les élire avant qu'ils existassent, si ce n'est en les prédestinant. „*Elegit Deus in Christo ante constitutionem mundi membra ejus: & quomodo eligeret eos qui non dum erant, nisi prædestinando? elegit ergo prædestinans eos.* Aug. *de prædestinatione sanctorum* cap. XVII. Voici

PRÉLIMINAIRE. XXIX

quibus omnia cooperantur in malum, & ipsa etiam oratio vertitur in peccatum. ¹⁴ Je demande, si dans ce cas, où se trouvoit cet Empereur, il n'a pas dû mériter la pitié de ceux-mêmes qui condamnoient son erreur avec la plus grande sévérité?

St. Cy-

encore un passage du même Pere sur la prédestination absolue. „Quoique parmi le genre „humain, il ne soit aucun homme qui ne naisse „dans la souillure du péché; cependant celui „qui est souverainement bon, agit avec bonté „lorsqu'il sépare par sa grace ceux qui sont des vases „de sa miséricorde, de ceux qui sont des vases „de sa colere. Que celui qui n'est pas de mon „opinion, combatte avec l'Apôtre qui écrit: „*la terre dit-lle au potier, pourquoi t'es-tu servi „de moi à un tel usage? est-ce que le potier „n'a pas le pouvoir de faire de la même terre „un vase de mépris?*„ *Ita de universo genere humano, quamvis nullus hominum sine peccati sorde, moderatur: bonum ille qui summe bonus est operatur, alios faciens tamquam vasa misericordiæ quos gratia ab eis qui vasa sunt iræ secernit - - - - - eat iste nunc, & adversus Apo-*

S. Cyrille, qui remarque, [15] avec raison, que Julien avoit reçu de la nature une grande

stolum cujus ista sententia est argumentetur; imo adversus figulum ipsum cui respondere prohibet apostolus dicens, O homo tu qui es qui respondeas deo: numquid dicit figmentum ei qui se finxit quare sic me fecisti? an non habet potestatem figulus luti ex eadem massa facere aliud vas in honorem aliud in contumeliam. Aug. de nuptiis & concupiscentia lib. 2. cap. XVI.

Remarquons ici en passant qu'il est assez difficile d'accorder ces deux endroits de St. Augustin. „Dieu fait quelques hommes sans le „péché, & quelques autres sous le péché. *bonitate sua Deus facit homines & primos sine peccato, & cæteros sub peccato.* „Quoique „parmi le genre humain, il ne soit aucun homme „qui ne naisse dans la souillure du péché. *De universo genere humano quamvis nullus hominum sine peccati sorde nascatur.* Nous avouons que ces deux propositions nous paroissent directement contradictoires; nous pourions en rapporter plusieurs du même saint, qui ne nous le semblent pas moins; mais nous attribuons ces contrariétés à notre peu d'intelligence, &

grande éloquence, dont-il s'étoit servi pour écrire contre les Chrétiens, auroit dû employer

nous ne doutons pas que quelque Savant théologiennén montrât aifément la conformité, s'il en avoit la volonté, & qu'il jugeât cela néceſſaire; Quand à nous il nous ſuffit de prouver que Julien, ayant été prédeſtiné de tout tems à être un vaſe de mépris & de colere, devoit plustôt être plaint qu'injurié de la maniere la plus forte.

15 Ἔχων τοίνυν εὐφυᾶ τὴν γλῶτταν ὁ κράτιστος Ἰουλιανὸς, καθῆξεν αὐτὴν κατὰ τοῦ πάντων ἡμῶν σωτῆρος Χριστοῦ, καὶ δὴ τρία συγγέγραφε βιβλία κατὰ τῶν ἁγίων εὐαγγελίων, καὶ κατὰ τῆς ἐυαγοῦς τῶν Χριστιανῶν θρησκείας, κατασεῖσε δὲ δι' αὐτῶν πολλὰς, καὶ ἠδίκηκεν οὐ μετρίως. *Cum igitur egregius Julianus mira naturæ munere facundia polleret, adverſus communem noſtrum omnium Salvatorem linguam exacuit, tresque libros contra ſancta evangelia, & venerandum chriſtianorum cultum compoſuit, quibus & plurimos concuſſit, & non mediocre fidei detrimentum importavit. Cyril. cont. Jul. L. I. Præf.* On voit par ce paſſage de St. Cyrille, que Julien avoit écrit trois livres pour la défenſe du paganiſme, & que ſon ouvrage

ployer les mêmes armes que ce Prince, & ne prêter à la vérité que ce qui fert à l'embellir, & à la rendre plus aimable. Il faudroit, s'il étoit poffible, que tous les Théologiens qui réfutent des erreurs, & qui écrivent contre les auteurs qui les foutiennent, s'attachaffent toujours à diftinguer l'honnête homme, qui eft de bonne foi dans l'erreur, du criminel qui fe plait dans fon crime. Au contraire, on diroit qu'en répondant à leurs adverfaires, ils cherchent plutôt à leur imputer des vices, qu'à trouver des raifons pour combattre les leurs. Ce que je dis ici a occafionné les réflexions que j'ai écrites autrefois fur l'Empereur Julien, & qui étoient deftinées à être places à la tête de la Traduction, que je donne aujourdhui au public.

avoit caufé un grand dommage à la religion, & ramené plufieurs Chrétiens au paganifme qu'ils avoient abandonné.

REFLEXIONS
SUR
L'EMPEREUR JULIEN.

La vie qu'on a publiée il y a quelque tems, de l'Empereur Julien, a fait revenir bien des gens des préjugés qu'ils avoient sur ce Prince. La maniere dont les Historiens ecclésiastiques en ont parlé, les invectives que S. Grégoire de Naziance, & S. Cyrille ont écrites contre lui, avoient prévenu le Public, qui se laisse aisément entraîner à l'autorité, & qui ne juge guere des hommes, que par ce qu'en ont dit des gens qui se sont acquis une grande réputation.

Les Savans étoient depuis longtems désabusés de l'idée affreuse que les Peres avoient donnée de cet Empereur. Mais il falloit montrer aux autres hommes, que ce Prince avoit été chaste, sobre, savant, libéral, clément. Ce n'étoit pas une chose aisée que de détruire une opinion que la religion sembloit autoriser. Presque tous les auteurs ecclésiastiques avoient peint Julien comme un monstre. Cela suffisoit pour qu'on se crût dispensé d'examiner, si l'on

n'avoit pas attribué à cet Empereur des vices qu'il n'avoit jamais eus. Enfin l'auteur de sa vie [1] vient de mettre au grand jour bien des vérités évidentes, aux quelles tout lecteur, qui a le sens commun, est obligé de se rendre. Cependant ce même Historien n'a point été aussi loin qu'il auroit dû le faire; soit qu'il ait craint qu'on ne l'accûsât d'être trop hardi, & qu'il ait redouté la superstition; soit qu'il n'ait pû se dépouiller de tous les préjugés: il a fait un portrait de Julien, qui n'est pas encore assez ressemblant à l'original. Voyons d'abord ce portrait, nous examinerons ensuite quels sont les endroits qui le rendent défectueux.

„Julien, dit l'auteur de sa vie, a eu de „grandes qualités, & la Religion qui nous or‑ „donne de prier pour nos persécuteurs, tandis „qu'ils peuvent se convertir; ne nous permet „pas de noircir injustement leur mémoire, lors‑ „qu'ils ont reçu leur condamnation. Mais il „eut aussi de grands défauts; Ensorte, qu' „aprés avoir distingué avec précision l'apostat du „Philosophe & de l'Empereur, je trouve qu'il ne „fut point un grand homme, mais un homme sin‑ „gulier. Il n'eut point ce fond de bon sens, qui doit „être le centre & le point fixe des vertus; qui n'en
„laisse

---

[1] Mr. de la Bletrie.

„laisse briller aucune aux dépends de l'autre;
„qui ne les outre jamais; qui les regle, les unit,
„& par un heureux concert, forme l'homme
„vertueux. Une passion déréglée pour la gloire
„le porta, avec une espece de fanatisme, à tout
„ce qui lui parut estimable; & par un faux
„goût il estima tout ce qui pouvoit le singula-
„riser. Exempt des vices grossiers qui humi-
„lient l'orgueil, il eut les défauts qui le flatent,
„& ceux que l'amour propre n'aperçoit que
„dans les autres. Tandis qu'il fut dans l'ob-
„scurité de la vie privée, ou qu'il n'occupa que
„le second rang; la crainte de l'Empereur Con-
„stance régla en lui les bonnes qualités, & ré-
„prima les mauvaises. Mais l'indépendence et le
„pouvoir souverain le développerent tout entier."

Faisons actuellement une énumération exacte des défauts que l'historien reproche à Julien. Nous examinerons ensuite ces mêmes défauts l'un aprés l'autre: nous verrons sur quoi l'on veut qu'ils soient fondés; il nous sera alors aisé de juger de la validité & de la justesse des accusations de l'historien. Il dit que Julien *régla ses bonnes qualités & réprima ses mauvaises par la crainte de l'Empereur Constance: Mais qu'il parut tel qu'il étoit, lorsqu'il fut parvenu au Trône.* Voyons donc quelles sont ces prétendues mauvaises qualités de Julien sous

le regne de Conſtance. Elles ſe réduiſent à avoir uſé de diſſimulation ſur l'article de la religion. Ce Prince, perſuadé que le Chriſtianisme n'étoit point une religion veritable, eut le malheur de l'abandonner; & craignant la cruauté de Conſtance, il garda toujours les dehors du Chriſtianisme; *Pour comble d'hipocriſie*, dit l'hiſtorien, *ſachant qu'on avoit à la Cour quelque ſoupçon de ce qui s'étoit paſſé, il ſe fit raſer la tête, & embraſſa la vie monaſtique.*

Il y a deux griefs dans cette accuſation: le premier c'eſt le changement de religion; le ſecond c'eſt la diſſimulation: examinons d'abord le premier.

Il eſt certain qu'on ne peut accuſer de manquer à l'honneur celui qui prend une religion qu'il croit meilleure que celle qu'il quitte. Tout homme qui ſuit les mouvemens de ſa conſcience, qui adopte une opinion, parcequ'il en eſt perſuadé, peut bien être dans l'erreur; mais ſon erreur n'a rien de contraire à la probité. Dans le changement de religion, celui-là ſeul eſt criminel qui quitte, dans des vues d'intérêt ou d'ambition, celle qu'il croit, pour en profeſſer une à laquelle il n'ajoûte aucune foi. Un de nos plus grands Poëtes [2] a dit avec raiſon.

Mais

---

[2] Mr. de Voltaire dans la Tragédie d'Alzire.

Mais renoncer aux Dieux que l'on croit dans son cœur,
C'est le crime d'un lâche, & non pas une erreur:
C'est trahir à la fois, sous un masque hypocrite,
Et le Dieu qu'on préfere, & le Dieu que l'on quitte;
C'est mentir au ciel même, à l'univers, à soi.

Ainsi l'on peut bien accuser Julien d'avoir choisi une croyance mauvaise, d'en avoir quitté une toute divine: mais l'on ne sauroit conclure que son choix fût un crime; parceque toute erreur involontaire n'est jamais criminelle, & que les hommes en matiere de religion, ont pris pour juge la conscience.

Je demande s'il est un protestant raisonnable qui ose dire qu'un homme, qui est convaincu que le catholicisme est meilleur que le protestantisme, est un malhonnête homme s'il devient catholique romain? Je fais la même question a tous les Catholiques sensés: Je suis assuré qu'ils plaindront l'erreur d'un catholique, qui par une malheureuse persuasion de la prétendue vérité du protestantisme, devient protestant: mais aucun d'eux ne dira que ce nouveau protestant se soit déshonoré: les erreurs de la conscience sont des erreurs de bonne foi. Par conséquent une opinion en matiere de religion, suivie dans la bonne foi & dans la pureté du cœur, ne peut jamais déshonorer.

Si la conscience n'est point établie chez les hommes, pour regle de leur action; je demande quelle est donc celle qu'on établira? Lorsque je suis convaincu que je dois faire une chose parcequ'elle est bonne, si je n'ose la faire; & si, lorsque d'un autre côté je suis persuadé qu'elle est vicieuse, j'ose l'entreprendre, fondé sur le sentiment que ma conscience ne peut être le juge de mes actions; que devient ma raison, qui doit être toujours l'interprete de ma conscience? Je n'ai plus aucune regle pour me conduire dans la société: il m'est impossible de pouvoir en pratiquer le premier précepte, qui est de ne point faire à autrui ce que je ne voudrois pas qu'on me fît à moi même; je ne puis exécuter ce précepte, qu'en suivant les mouvemens de ma conscience, en faisant ce qu'elle me dit de faire, & en ne faisant pas ce qu'elle me représente comme un mal.

Ma raison & ma Conscience, sont deux présents que j'ai reçus du ciel, pour me conduire dans toutes les actions de ma vie. si je n'en fais pas usage, si je ne me conduis que par les impressions étrangeres, que par l'autorité des autres hommes; je me range au rang des plus vils animaux, puisque comme eux, je deviens privé de la raison.

Mais

Mais, dira-t-on, en fuivant le mouvement de votre confcience, vous pouvez vous tromper quelquefois. J'en conviens; ce n'eft pas cependant une raifon, pour que je ne la fuive pas: car les autres hommes qui veulent me guider, peuvent fe tromper comme moi: il y a même apparence qu'ils ont ordinairement des raifons particulieres, qui les portent à me donner un confeil plûtot qu'un autre. Puifque Dieu m'a accordé les mêmes facultés qu'à eux, & que je fens beaucoup mieux les chofes que me dicte ma confcience, que celles qu'ils veulent me perfuader; je dois naturellement, lorsque je fuis parfaitement convaincu d'une opinion, la fuivre, & ne pas me laiffer féduire par une fauffe honte. Si je fuis perfuadé que le proteftantisme eft meilleur que le catholicisme, je deviens proteftant; fi je penfe que le proteftant eft dans l'erreur, je me fais catholique. Ainfi Julien, croyant fermement que le chriftianisme étoit un ramas de menfonges & de chimeres, pouvoit fans manquer à la probité, l'abandonner comme il fit: car il étoit convaincu que notre fainte religion n'étoit qu'un tiffu de fables abfurdes. Voici comment il f'explique à ce fujet; *Il m'a paru à propos*, dit-il, [3]

---

[3] Julianus in lib. II. Cyrilli cont. Julianum pag. 39. edit. in folio.

d'expofer à la vue de tous les hommes, les raifons que j'ai eues de me perfuader, que la fecte des Galiléens n'eft qu'une fourberie purement humaine & malicieufement inventée, qui n'ayant rien de divin, eft pourtant venue à bout de féduire la partie inférieure de l'ame, & d'abufer de l'affection qu'ont les hommes pour les fables, en donnant une couleur de vérité & de perfuafion à des fictions prodigieufes.

Non feulement je foutiens que Julien penfant de cette maniere, ne manquoit point à la probité, en quittant le chriftianisme; mais j'avance hardiment qu'il auroit été criminel, fi croyant cette religion mauvaife, il eût continué à la pratiquer; puisque nous devons éviter ce que nous croyons mauvais.

On répondra peut être qu'il eft vrai qu'on peut fans manquer à la probité, prendre une religion qu'on croit meilleure que celle qu'on quitte; mais qu'il faut que la croyance qu'on embraffe foit du moins affez raifonnable, & affez vraifemblable pour qu'elle nous puiffe faire illufion: fans cela il n'y a aucune apparence qu'un homme, qui a de l'efprit & du jugement, puiffe agir par une véritable perfuafion, en changeant de

---

* *Denique connubia ad Veneris partusque ferarum*
  Effe animas præfto, derediculum effe videtur;

de religion: or Julien avoit de l'esprit & du jugement; il embrassoit le paganisme qui étoit la religion du monde la plus fausse & la plus absurde; donc il n'étoit pas persuadé de sa vérité; donc il agissoit de mauvaise foi, donc il étoit criminel, donc il méritoit les reproches que lui ont faits les écrivains ecclésiastiques & l'Historien de sa vie.

Voilà la seule objection qu'on puisse faire contre le changement de Julien, dans toute sa force. Nous en examinerons la solidité.

Je soutiens que l'absurdité du paganisme n'est pas une preuve, que Julien qui avoit de l'esprit & du jugement, n'ait pû être persuadé de sa vérité. Les plus grandes erreurs ont été crues souvent comme des opinions certaines par de très grands hommes. Parcourons succintement les sentiments des anciens Philosophes; nous trouverons qu'ils ont admis comme certaines, des choses qui heurtoient directement la raison? Les Pythagoriciens & les Platoniciens ont cru la Métempsycose. Il n'est rien de si extravaguant que ce Dogme, dont Lucrece fait si bien sentir le ridicule: *N'est il pas insensé*, dit ce grand, Poëte, [4] *de se figurer que les ames*

Et spectare immortaleis mortalia membra
Innumero numero; certareque præproperanter

ames sont en faction, pour animer précipitemment les plaisirs de *Venus*; & qu'elles ne manquent pas de se trouver au moment de la formation des animaux? Est-il possible que des substances éternelles s'empressent si fort de s'emparer de quelques infortunés membres mortels, & qu'elles se disputent la préférence de s'introduire dans les corps? Il doit y avoir entr'elles quelque traité, dans lequel il est stipulé que la premiere qui arrivera, & qui sera plus diligente, aura le droit d'être reçue dans le corps.

On ne sauroit mieux démontrer l'absurdité de la Métempsycose. Qu'on ne dise point que les Pythagoriciens & les Platoniciens n'étoient pas fermement persuadés de ce dogme; car Socrate, déclaré par les païens le plus sage des hommes, célébré à cause de ses vertus par les plus illustres écrivains profanes & ecclésiastiques, mis par S. Justin, un des plus grands Peres de l'église, au rang des chrétiens, & canonisé en quelque façon par le grand Erasme, qui disoit qu'il ne lisoit jamais la mort de Socra-

Inter se, quæ prima potissimaque insinuetur:
Si non forte ita sunt animarum fœdera pacta,
Ut, quæ prima volans advenerit, insinuetur
Prima, neque inter se contendant viribus hilum.
„Lucret. de rer. nat. lib. 3."

crate, qu'il ne fût tenté de s'écrier, *Saint Socrate, priez pour nous!* Socrate, dis-je, dans les derniers moments de sa vie, dans l'instant qu'il alloit finir ses jours, pour avoir rendu témoignage à la vérité, enseignoit cette doctrine comme étant hors de doute, & la donnoit à ses disciples pour le fondement de sa religion. Voici comment parloit ce Sage dans le dernier entretien qu'il eut avec ses amis, c'est à dire quelques instants avant de mourir. *Je vous dis ... que les ames des hommes intempérans, brutaux, lascifs, & qui se sont mis au dessus des regles de l'honnêteté, entrent dans les corps d'ânes ou d'autres semblables animaux; & les ames* [5] *qui n'ont aimé que l'injustice, la tyrannie & les rapines, vont animer des corps de loups, d'éperviers, de faucons . . . . . Que dirons-nous de ceux qui, dans le train d'une habitude de pratiquer les vertus populaires de justice, de tempérance, quoique sans entrer autrement dans la philosophie, & dans la contemplation des choses intelligibles, ne doivent-ils*

---

[5] Τὰς δί γε ἀδικίας τε καὶ τυραννίδας καὶ ἁρπαγὰς προτετιμηκότας εἰς τὰ τῶν λύκων τε καὶ ἱεράκων καὶ ἰκτίνων γένη. *Qui vero injurias & tyrannides & rapinas præ ceteris secuti sunt eos in luporum & accipitrum & miluorum par est migrare* Plat. in Phæd. art. 46.

ils pas avec cela être plus heureux que les autres; & leurs ames ne serout-elles pas mieux logées après la mort . . . . . [6] *leurs ames passent dans des corps d'animaux œconomiques & doux, comme sont les abeilles ou les fourmies; ou elles retournent même dans des corps humains, pour faire d'autres hommes tempérans & sages.* Xenophon fait tenir à Socrate le même discours que Platon; ainsi nous avons les deux plus illustres disciples de ce grand homme, qui ont pris soin de nous rapporter exactement tout ce qu'il avoit dit à ce sujet dans ses derniers nomens.

Les Stoïciens croyoient des dogmes aussi ridicules que les Pythagoriciens. Ciceron se moque de leur Dieu rond. *Pourquoi* rond? dit-il, [7] *parceque la figure ronde, suivant Platon, est la plus belle de toutes. Mais je trouve, moi,*

[6] Ὅτι τούτους εἰκός ἐστιν εἰς τοιοῦτον πάλιν ἀφικνεῖσθαι, πολιτικὸν καὶ ἥμερον γένος ἢ τὸ μελιττῶν, ἢ σφηκῶν ἢ μυρμήκων ἢ καὶ εἰς ταυτόν γε πάλιν τὸ ἀνθρώπινον γένος, καὶ γίγνεσθαι ἐξ αὐτῶν ἄνδρας μετρίους. εἰκός. *Quia consentaneum est, hos in tale rursus migrare genus civile & mite aut apum, aut vesparum, aut formicarum, aut in idem rursus genus humanum modestosque ex illis homines fieri. consentaneum est.* Plat. id. ib. art. 46.

moi, plus de beauté dans le cylindre, dans le cône, dans la pyramide. Et ce Dieu rond, à quoi l'occupez-vous ? à se mouvoir d'une si grande vîtesse, que l'imagination même ne sauroit y atteindre. Or je ne vois pas, qu'étant agité de la sorte, il puisse être heureux, & avoir l'esprit tranquille. Si l'on nous fesoit tourner ainsi sans relâche, ne fît-on même tourner que la moindre partie de notre Corps; nous serions mal à notre aise: pourquoi un Dieu s'en trouveroit-il mieux que nous?

Voilà les plus illustres Génies du paganisme, qui ont cru des erreurs aussi grossieres, que celles du Polythéisme. Julien a donc pû être persuadé de la vérité de la religion qu'il embrassoit. Mais je vais plus loin, & je soutiens que presque tous les Peres de l'Eglise, pendant les trois premiers siécles, ont eu plusieurs

---

7 *Nunc vero admirabor eorum tarditatem, qui animantem, immortalem, & eundem beatum & rotundum esse velint, quod ea forma ullam neget esse pulchriorum Plato. At mihi vel cylindri, vel quadrati, vel coni, vel piramidis videtur esse formosior. Quæ vero tribuitur vita isti rotundo Deo? nempe ut ea celeritate contorqueatur, cui par nulla ne cogitari quidem possit. In qua non video, ubinam mens constans, & vita beata possit insistere: quodque in nostro corpore si minima ex*

sieurs opinions aussi absurdes que les plus ridicules du paganisme.

S. Justin [8] a cru que les anges étoient descendus du Ciel sur la terre, & qu'ils y avoient connu charnellement plusieurs femmes. Athénagore [9] a fait faire les mêmes actions à ces intelligences célestes; & il dit que les Géans étoient nés de ce commerce amoureux. S. Clément d'Alexandrie, Théophile, & plusieurs autres Peres ont assuré la même chose. Je demande pourquoi Julien n'aura pas pu croire de

---

parte significetur, molestum sit; cur hoc idem non habeatur molestum in Deo? „Cicero de nat. Deor. Lib. I. „Cap. X."

[8] *Angeli autem ordinationem sive dispositionem eam transgressi cum mulierum concubitus causa amoribus victi tum filios procrearunt eos qui dæmones sunt dicti:* „S. Just. Oper. Apolog. I. pag. 34. edit. Col. 1680."

[9] *Alii quidem (Angeli) amoribus capti virginum & libidine carnis accensi . . . . ex amatoribus igitur virginum gigantes ut vocant nati sunt.* „Athena„goræ Legat. pro Christ. pag. 27.

[10] L'opinion que les anges séduisirent des femmes, & qu'ils furent changés pour cela en diables, a été celle de presque tous les Peres de l'Eglise jusqu'au commencement du cinquieme siecle. St. Basile la soutenoit en Orient dans le quatrieme, & St. Ambroise dans l'Occi-

de bonne foi, que Diane avoit été amoureuse d'Endimion; qu'Apollon avoit séduit Issé; puisque nos premiers Peres de l'Eglise étoient persuadés que des êtres, qu'ils considéroient comme des intelligences célestes, avoient quitté le Ciel pour jouir des faveurs d'une foible mortelle [10]. Il faut être impartial dans toutes les choses; & je ne vois pas à propos de quoi les Peres des trois premiers siecles feront faire par des anges, ce qu'ils croiront n'avoir pu être fait par les demi-Dieux du Paganisme.

Il

dent, comme un sentiment qui ne devoit trouver aucune opposition. „Lorsque l'Ecriture, dit St. Am
„broise, parle ainsi, *il y avoit des géans dans ces*
„*jours sur la terre;* il ne faut pas croire qu'elle veuille
„selon la maniere des poëtes, faire mention de ces
„géans, qu'ils disent fils de la terre. l'Ecriture assure
„que ces géans avoient été procréés par les anges &
„par les femmes, & elle les appelle des géans, parce
„qu'elle veut exprimer la grandeur dont étoit leur
„corps." *Gigantes autem erant in terra in diebus illis, non poëtarum more gigantes illos terræ filios, vult videri divinæ scripturæ conditor: sed ex angelis & mulieribus generatos adserit quos appellat hoc vocabulo, volens eorum exprimere corporis magnitudinem.* Ambros. de Noe & Arca.

Il me feroit aifé, fi je ne craignois de donner trop d'étendue à cette Diſſertation, de montrer évidemment que tous les plus grands Génies, dans les premiers fiecles du Chriſtianiſme, ont cru les plus grandes abſurdités, fur pluſieurs dogmes eſſentiels qui ont été éclaircis après Julien.

Origene parloit de Dieu comme en parloient les Pythagoriciens: il le concevoit compoſé d'un feu fubtil, d'une matiere éthérée: il donnoit le gouvernement de l'Univers à des Anges qui en répondoient, & qui devoient être châtiés au jour du jugement, ſ'ils n'avoient pas bien rempli leur charge. C'étoit-là j'opinion des demi-Dieux & des Nymphes des païens.

Papius Théophile, Téatien, Juſtin, Clément d'Alexandrie; enfin tous les anciens Peres prétendirent, qu'aprés le jugement dernier, les juſtes vivroient encore mille ans dans Jéruſalem, qu'ils y feroient des enfans, & y paſſeroient une vie fortunée. Cette opinion étoit ſi commune chez les anciens Peres, que le favant Mr. du Pin l'appelle la *reverie de l'Antiquité*. [11] Mais cette reverie étoit priſe de celles des Champs Elizées des Païens.

On

---

[11] Du Pin, Bibliotheque des Auteurs Eccléſiaſtiques. Tom. I. art. Papius pag. 160.

SUR L'EMPEREUR JULIEN. XLIX

On fera peut-être étonné de voir combien les dogmes des premiers Peres reſſembloient, en bien des choſes, aux différentes ſectes des païens. Ecoutons l'illuſtre Beauſobre; il nous en dira la raiſon. Voici comment il s'explique, en parlant des ſentimens que les premiers Peres (c'eſt à dire les premiers Docteurs chrétiens) ont eu de la nature de Dieu. „L'Ecriture, [12] dit-il, ne s'expliquant „point clairement ſur ce ſujet, les Docteurs ſui„voient le ſentiment qui leur paroiſſoit le plus „probable, celui des Maîtres qui les avoient in„ſtruits, des Ecoles philoſophiques d'où ils „ſortoient. Un Epicurien, qui embraſſoit la „foi, étoit diſpoſé à revêtir la divinité d'une „forme humaine, & à la définir, comme Epi„cure, un animal immortel & bienheureux. „Un Platonicien au contraire ſoutenoit, à l'ex„emple de ſon Maître, que Dieu eſt incorporel: „un Pythagoricien, un Sectatetur d'Empédocle, „ou d'Héraclite, croyoit la divinité un feu intel„ligent, ou, ce qui revient à la même choſe, „une lumiere intelligente. Un autre s'imagi„noit que l'eſſence divine eſt une ſubſtance „corporelle à la vérité, mais ſubtile, éthérée, „pe-

[12] Beauſobre, Hiſtoire des Manichéens, Tom. I. pag. 207.

„pénétrant tous les corps. Un autre enfin
„croyoit que c'est une substance, qui n'a rien
„de commun avec les élémens, dont notre
„monde est composé; une cinquieme nature
„semblable à celle qu' Aristote avoit imaginée.„

La diversité des sentimens des Docteurs
chrétiens, & l'absurdité de plusieurs de leurs
opinions ne parurent point, tandis que le Christianisme resta dans l'obscurité, & ne fut pour
ainsi dire, connu que par la persécution qu'il essuya. Lorsqu'il devint la religion dominante, qu'il
fut protégé & professé par le Prince; ses différents dogmes causerent de la confusion. Les
Chrétiens, qui jusqu'alors n'avoient pensé qu'à
combattre les Païens, disputerent entr' eux.
Il fallut assembler plusieurs Conciles, pour
faire un corps de religon uniforme. C'est ce
qui fut d'abord exécuté dans le premier Concile général à Nicée sous Constantin: mais les
décisions de cette nombreuse assemblée eurent
bien de la peine à être reçues, & furent rejettées, pendant plusieurs siecles, de la plus
grande partie des Chrétiens, comme établissant
des dogmes nouveaux, & qui n'avoient point
été reçus jusqu'alors. Il s'agissoit, dans ces

dog-

Nos autem prædicamus Christum crucifixum, Ju-

dogmes, des choses les plus essentielles, entr'-
autres de la divinité de Jesus-Christ. On sçait
que, peu aprés le Concile de Nicée, les Arriens prirent le dessus sur les Orthodoxes.

Ce que je viens de dire des erreurs grossieres, crues par les plus grands Philosophes,
& par les plus célebres Docteurs chrétiens; suf-
firoit pour justifier la bonne foi de Julien. Mais
je vais plus loin, & je dis, que dès qu'une
grace efficace ne nous convainc point de la
sainteté de notre religion; il est impossible de
n'y pas trouver un nombre de choses qui nous
révoltent, & qui nous paroissent aussi extra-
ordinaires, que toutes celles que nous condam-
nons dans le Paganisme. S. Paul dit que le
Christianisme est un sujet de scandale pour les
Juifs, & paroît une folie aux Païens. [13] Nous
ne pouvons croire que par la foi; & la foi est
le premier don de la grace. Si nous n'avons
point la grace, comment aurons-nous la foi?
Est-il possible que Julien pût l'avoir, lui à qui
la grace avoit manqué entierement? Si nous
voyons dans S. Pierre péchant, l'exemple d'un
juste à qui la grace manque; que pouvoit-on
espérer de Julien, à qui elle avoit été entiere-

re-

dæis quidem scandalum, Græcis vero stultitiam. „Paul
„Epist. I. ad Corinth. cap. I. v. 23."

rement ôtée ? Est-il étonnant qu'il soit tombé dans l'erreur, qu'il ait cru voir la vérité dans le Paganisme, & le mensonge dans le Christianisme ? sans la foi pouvoit-il n'être pas incrédule aux misteres de la véritable religion ; & ces misteres ne devoient-ils pas lui paroître, comme il le dit lui-même, des fables inventées pour séduire le genre humain ? Ecoutons S. Paul, qui nous apprend que „Dieu a choisi „les choses folles de ce monde pour rendre „confus les sages.„ *Sed mundi stultissima Deus elegit, ut sapientes confutaret.* Julien, privé de la grace, par conséquent de la foi qui ne peut subsister sans elle, pouvoit-il connoître, & même penser que Dieu, pour confondre les sages du monde, avoit fait choix des choses folles de ce monde, pour établir la vérité ? Si l'on dit que la raison suffisoit à Julien, s'il eût voulu s'en servir pour connoître son erreur ; je réponds que cela est faux, soit par la religion, soit par la philosophie. L'Apôtre nous dit expressément : [14] *Il est écrit, j'abolirai la sagesse des sages, & j'anéantirai l'intelligence des hommes intelligens.* Comment sans la grace & sans la foi, Julien, quelque prudence humaine qu'il

---

[14] *Scriptum est enim perdam sapientiam sapientum,*

qu'il eût, pouvoit-il découvrir fon erreur? Le raifonnement, ou fi l'on veut la philofophie païenne dont Julien faifoit profeffion, ne pouvoit encore fervir qu'à l'égarer, au lieu de le ramener au bon chemin. Qu'il me foit permis de faire ici un parallele abrégé des principaux dogmes du Chriftianisme & du Paganifme. La vérité eft toujours pure; elle ne craint point d'être mife vis-à-vis de l'impofture: ainfi notre fainte religion n'a rien à appréhender d'être comparée avec le Paganifme. D'ailleurs les objections que nous allons oppofer aux dogmes des Chrétiens, ne font que celles que les Païens formoient contre les Peres de l'Eglife, & que les Idolatres oppofent tous les jours encore aux Miffionaires. On les trouve partout dans les Ecrits de ces hommes vertueux, qui fe dévouent malgré les périls les plus grands, à la propagation de la religion. Les dogmes obfcurs & impénétrables du Chriftianisme font des mifteres qu'il a plu à Dieu de cacher aux yeux des foibles mortels; les opinions incompréhenfibles du Paganifme ne nous paroiffent telles que par leur abfurdité. Suppofons donc un Chinois, à qui l'on offre ces deux fimboles de foi.

„Les

& prudentum prudentiam adolebo Paul. Epift. 1. ad Corinth. cap. 1.

„prennent soin des hommes, & de ce qui les „regarde.

„Les Païens donnoient à leurs Divinités „les mêmes passions qu'aux hommes; les Chré„tiens font de leur Dieu un Dieu terrible, qui „damne éternellement les hommes qui ne croient „point ce qu'on croit dans le Christianisme; „cependant il crée des millions d'hommes tous „les jours, qui ne peuvent jamais en être in„ſtruits.

„Les Païens avoient plusieurs Divinités „dont les galanteries étoient fameuses; les „Chrétiens ont cru, pendant les trois premiers „siecles, que leurs Anges s'étoient rendus cri„minels, pour avoir séduit des mortelles.

„Les Païens ajoûtoient foi aux métamor„phoses de Jupiter, qui s'étoit changé en „nuage, en bœuf, en aigle; les Chrétiens sou„tiennent que Dieu change tous les jours, sur„un million d'Autels différents, le pain en son „corps, & le vin en son sang. Le miracle, „dit le Chinois, de la métamorphose de Jupiter „en aigle, me paroît moins contraire à la lu„miere naturelle: car Jupiter en se changeant en „aigle, ne se multiplioit point; mais selon les „Chrétiens il faut qu'il y ait autant de Dieux „qu'il y a d'autels, ou que Dieu ait autant de „différents corps, qu'on offre de pains diffé„rents.

„rents. Dieu, tout puissant qu'il est, ne peut „pas faire que moi Chinois je n'aie pas été; il „ne sauroit produire un bâton, si ce bâton n'a „pas deux bouts; car alors ce ne seroit plus „un bâton: il ne peut donc, par la même rai- „son, n'ayant eu qu'un seul & unique corps, „faire trouver ce même corps tout à la fois & „toutentier dans mille endroits divers; par- „ceque cela est contraire à l'essence des cho- „ses que Dieu ne sauroit changer."

Voilà sans doute comme raisonneroit le Chinois; la vérité lui paroîtroit ressembler au mensonge, & son esprit prévenu ne verroit point la lumiere, s'il n'étoit éclairé & secouru par la grace; le Christianisme ne lui paroîtroit pas plus raisonnable que le Paganisme. Il faut que ce soit à cause de ces mêmes raisons, qui révolteroient le Chinois, que plusieurs hommes très illustres & tres éclairés resterent attachés au Paganisme, jusqu'à son entiere destruction, qui ne se fit point par la douceur & par la persuasion, mais par la force & par la violence. Simaque, ce fameux Préteur de Rome, défendit éloquemment la cause du Paganisme dans sa derniere décadence. C'étoit le plus bel esprit & le plus honnête homme de son siecle. Mais à quoi lui servoit son génie pour sortir de l'erreur, dès qu'il étoit privé de la grace,

grace, par conséqnent de la foi, sans laquelle les dogmes les plus saints du Chriſtianisme ne peuvent être perſuadés par tous les raiſonnemens humains. Ecoutons S. Thomas, & peſons bien ſes paroles. „Si quelques Docteurs „veulent démontrer les Articles de foi, comme „pluſieurs s'efforcent de le faire; ils expoſeront „la religion chrétienne à la riſée des ſages du „ſiecle. Ces Docteurs penſent les éclairer par „des raiſons preſſantes: Mais à parler véritablement, ces raiſons ne ſont pas ſuffiſantes pour „les convaincre." *Si qui velint articulos fidei demonſtrare, ſicut aliqui nituntur, patebit riſui fides chriſtianorum apud ſapientes hujus ſeculi, æſtimantes ipſos fideles talibus rationibus moveri ad aſſentiendum tanquam urgentibus, cum in rei veritate non cogant.* „S. Thom. cont. „Gent. pag. 178."

Je crois actuellement avoir montré évidemment qu'on ne peut accuſer Julien de mauvaiſe foi, à cauſe de ſon changement de religion. Cependant j'examinerai encore une objection qu'on pourroit faire contre le Paganisme.

Il

15 *Defendo unum hoc. Nunquam illud Oraculum Delphis tam celebre & tam clarum fuiſſet, neque tantis donis refertum omnium populorum atque regum;*

Il est vrai, pourroit-on dire, que la religion chrétienne présentée purement & simplement, telle qu'elle est dans ses dogmes, a des choses révoltantes; mais ces mêmes dogmes, qui ne peuvent être démontrés évidemment par des argumens *a priori*, sont appuyés sur de fortes preuves *a postériori*. Les Chrétiens ont les Prophéties, l'établissement de leur religion par des gens simples & sans autorité, la rapidité de ses progrès; tout cela ne se fait point sans le secours du Ciel. Malheureusement pour Julien le paganisme s'appuyoit sur les mêmes raisons, & sans doute ce fut ce qui le jetta dans l'erreur. Les Païens avoient aussi leurs Oracles & leurs Prophéties : ils prétendoient qu'on ne pouvoit, sans s'aveugler volontairement, ne pas voir leur accomplissement. „Jamais on ne me persuadera, [15] dit „un des plus beaux Génies de la République „Romaine, que l'Oracle de Delphes eût reçu „tant de présens des Rois, des peuples, & des „particuliers ; qu'il eût conservé pendant tant „de siecles la vénération qu'on lui porte; si les „évenemens n'avoient justifié ses prédictions: &
„le

---

nisi omnis ætas Oraculorum illorum veritatem esset experta. „Cicero. de Divinat. lib. 1. pap. 23.„

„le confentement univerfel que tous les peu-
„ples accordent à fa Divinité, en eft une preuve
„évidente. „

La durée du Paganisme, la profpérité dont Rome avoit joui, pendant qu'il avoit été la feule religion, paroiffoient encore aux Païens des marques vifibles de fa vérité. Quelque tems après la mort de Julien, ils prétendirent tirer une nouvelle preuve des malheurs de l'Empire; ils crurent qu'ils étoient caufés par la ceffation des facrifices; ils attribuerent la dévaftation, & le démembrement des Provinces Romaines au prétendu facrilege, qu'ils difoient qu'on

---

[16] Quand Théodofe exhorta le fénat romain à quitter le culte des idoles, & qu'il lui déclara qu'il ne vouloit plus faire les frais des facrifices; les fénateurs répondirent qu'ils trouvoient étonant quon voulût leur faire abandonner une religion dans la quelle ils avoient profpéré douze cents ans, pour fuivre une foi fans raifon, à la quelle il fembloit quon eût intention de les contraindre. L'on ne peut difconvenir que ces fénateurs, qui défendoient fi opiniatrément le paganisme, n'en fuffent pas véritablement perfuadés. Les facrifices ayant ceffé, parceque le fénat romain prétendoit qu'ils ne pouvoient être faits qu'au dépends du fifc, & que Théodofe refufoit d'en faire la dépenfe; le démenbrement de l'Empire fut attribué à cela. „De-

SUR L'EMPEREUR JULIEN. LXI

qu'on avoit commis, en ôtant du Capitole la Statue de la Victoire : plusieurs Sénateurs de Rome demanderent qu'elle fût replacée; l'Empereur Théodose ne voulut jamais y consentir; & par un cas assez singulier, ce fut sous ses fils, Honorius & Arcadius, que commença l'entiere décadence de l'Empire romain :[16] S. Augustin se crut obligé de prendre la défense du Christianisme: il s'attacha à prouver, dans sa Cité de Dieu, que ce n'étoit pas à la cessation du culte des Dieux, qu'il falloit attribuer les malheurs dont l'Empire étoit accablé; mais les Payens lui répondoient: nous avons pour nous l'expérience. Après

„puis ce tems, *dit Zosime*, l'Empire romain a toujours
„été en diminuant; il a été innondé par les barbares,
„& la piuspart des villes sont dans un état si déplorable,
„qu'on ne reconnoît pas même les endroits où plusieurs
„étoient bâties." ἡ ῥωμαίων ἐπικράτεια κατὰ μέρος ἐλαττωθεῖσα, βαρβάρων οἰκητήριον γέγονε, ἢ καὶ τέλεον ἐκπεσοῦσα τῶν οἰκητόρων, εἰς τοῦτο κατέστη σχήματος, ὥστε μηδὲ τοὺς τόπους ἐν οἷς γεγόνασιν αἱ πόλεις ἐπιγινώσκειν. *Diminutum particulatim romanum imperium barbarorum domicilium factum est: Aut potius incolis prorsus amissis ad eam redactum est formam, ut ne loca quidem, in quibus urbes sitæ fuerunt, agnoscantur.* Zosim. hist. lib. 4.

Après avoir montré que Julien a pu devenir païen, sans manquer à la probité, venons actuellement au reproche qu'on lui fait sur son hypocrisie : nous trouverons qu'il n'a aucun fondement.

J'établirai d'abord que tout homme a le droit, pour conserver sa vie, d'user d'une dissimulation qui ne nuit à personne ; on ne sauroit nier ce principe pris dans la nature même : &
les

---

17 Saint Chrisostome, dans un fort beau sermon qu'il a fait pour justifier la conduite d'Abraham, loue beaucoup sara, la femme de ce Patriarche, de s'être prêtée au mensonge de son mari, & d'avoir couru le risque de commettre un adultere, pour mettre les jours de son époux à labri de toute atteinte. Il exhorte les femmes d'Antioche de suivre l'exemple de sara dans une pareille occasion.,, Maris & femmes, dit saint Am-
,,broise, écoutez & admirez la bonne intelligence
,,d'Abraham & de Sara, leur étroite amitié, la gran-
,,deur de leur piété : femmes, imitez la sagesse de
,,sara . . . . . . le diadême qui brille sur la tête des Rois,
,,ne les distingue pas autant que cette heureuse femme
,,brille par sa soumission à la proposition de ce juste :
,,car qui pourroit assez la louer, elle qui après une telle
,,continence, & dans un âge si avancé a voulu presque
,,de son propre consentement s'exposer à l'adultere, &
,,livrer son corps à des barbares pour sauver la vie de

SUR L'EMPEREUR JULIEN. XLIII

les Théologiens les plus rigides ne peuvent y trouver à redire : car loin de restraindre, comme je fais, la dissimulation à ne nuire à personne; je pourrois, si je voulois étendre la chose plus loin, & l'appuyer de l'autorité des plus illustres Peres de l'Eglise, dire qu'il est permis de mentir lorsqu'il s'agit de conserver sa vie, quand même ce mensonge pourroit nuire à un tiers. S. Ambroise, [17] S. Chrisostome ont loué la prudence

,,son époux.'' ἀκέτωσαν ἄνδρες καὶ γυναῖκες καὶ μιμείσθωσαν τύτων τὴν ὁμόνοιαν, τῆς ἀγάπης τὸν σύνδεσμον, τῆς εὐσεβείας τὴν ἐπίτασιν, καὶ ζηλύτωσαν τῆς Σάρρας τὴν σωφροσύνην..... ̓ουχ οὕτω διάδημα ἐπὶ τῆς κεφαλῆς κείμενον λαμπρὸν δείκνυσι τὸν βασιλέα, ὡς τὴν μακαρίαν ταύτην περιφανῆ καὶ λαμπρὰν ἀπέδειξεν ἡ ὑπακοὴ αὕτη (ἧς) τὴν συμβολὴν τῦ δικαίῳ ἀπεδέξατο. τίς γὰρ ἂν κατ' ἀξίαν αὐτὴν ἐπαινέσειεν, ἥτις μετὰ τοσαύτην σωφροσύνην, καὶ ἐν ἡλικίᾳ τοιαύτῃ, ὑπὲρ τῦ τὸν δίκαιον διασῶσαι, ὅσον εἰς τὴν οἰκείαν. καὶ εἰς μοιχείαν ἑαυτὴν ἐξέδωκε, καὶ συνυσίας ἠνέχετο βαρβαρικῆς. d. Chrisof. Homil. XXXII. in genes. Tom. I. pag. 260. Quelqu'un dira peut-être, que Calvin bien loin d'être du sentiment de St. Chrisostome, a condamné très sévèrement la conduite d'Abraham, & de sara : je répondrai à cela : qu'est-ce que le sentiment d'un hérétique contre celui d'un Pere de l'Eglise ?

dence d'Abraham, qui se disoit le frere, & non pas le mari de sa femme, craignant que le Roi d'Egypte ne le fît mourir; cependant cette dissimulation exposoit la chasteté de Sara, que ce Prince devoit moins respecter la croyant fille. Aussi,

„ Alors Pharaon appella Abraham & lui-dit, qu'est-
„ce que tu m'as fait? pourquoi ne m'as tu pas déclaré
„que c'étoit ta femme? pourquoi as tu dit, c'est ma
„soeur? car je l'avois prise pour ma femme: mais main-
„tenant voici ta femme, prends-la, & t'en va.„ καλέ-
σας δὲ Φαραώ τὸν Ἄβραμ εἶπεν, τί τῦτο ἐποίησας μοι
ὅτι οὐκ ἀπήγγειλάς μοι, ὅτι γυνή σε ἐςιν ἱνατί εἶπας
ὅτι αδελφή μυ ἐςὶν, καὶ ἔλαβον αὐτὴν ἐμαυτῶ γυναῖκα,
καὶ νῦν ἰδύ ἡ γυνή σε ἔναντί σε λαβὼν ἀπότρεχε.
Genes. cap. XII. vers. 19.

Le reproche de Pharaon n'empécha pas Abraham d'user de la même dissimulation dans une autre occasion pareille, où il craignoit qu'on n'atttentât à sa vie. „Abraham s'en alla de là au pays du midi & demeura
„entre Lades & sur; & il habita comme étranger à
„Guevar. Or Abraham dit de sara, c'est ma soeur...
„Abimélec, Roi de Guevar envoya & prit sara: mais
„Dieu apparut dans un songe la nuit à Abimélec, &
„lui dit, voici: tu es mort à cause de la femme que
„tu as prise: car elle a un mari ..... Abimélec ap-
„pella Abraham & lui-dit: que nous as tu fait, en quoi
„t'ais je-offensé, que tu aies fait venir sur moi, & sur
„mon royaume un grand péché: tu m'as fait ces choses

Auſſi, lorsqu'il eut reconnu le menſonge d'A-
braham, [18] il lui en fit des reproches. Je demande s'il a été permis à Abraham, le Pere de
tous les Croyans, de mentir pour conſerver
ſa vie, même en risquant de faire commettre
un

„qui ne doivent par ſe faire.„ Καὶ ἐκίνησε ἐκεῖθεν
Ἀβραμ εἰς γῆν πρὸς Λίβα· καὶ ᾤκησεν ἀνὰ μέσον Κά-
δης, καὶ ἀνὰ μέσον Σὲρ. καὶ παρῴκησεν ἐν γεράροις.
εἶπε δὲ Ἀβραὰμ περὶ Σάρρας τῆς γυναικὸς αὐτοῦ ὅτι
ἀδελφή μου ἐστιν . . . . . ἀπέστειλε δὲ Ἀβιμέλεχ βασιλεύς Γεράρων. καὶ ἔλαβε τὴν Σάρραν. καὶ εἰσῆλθεν ὁ
θεὸς πρὸς Ἀβιμέλεχ ἐν ὕπνῳ τὴν νύκτα, καὶ εἶπεν,
ἰδοὺ σὺ ἀποθνήσκεις περὶ τῆς γυναικὸς, ἧς ἔλαβες. αὕτη
δὲ ἐστι συνῳκηκυῖα ἀνδρί . . . . . καὶ ἐκάλεσεν
Ἀβιμέλεχ τὸν Ἀβραὰμ, καὶ εἶπεν αὐτῷ, τί τοῦτο
ἐποίησας ἡμῖν; μήτι ἡμάρτομεν εἰς σέ, ὅτι ἐπήγαγες
ἐπ' ἐμέ, καὶ ἐπὶ τὴν βασιλείαν μου, ἁμαρτίαν μεγάλην;
ἔργον ὃ οὐδεὶς ποιήσει πεποίηκάς μοι. Geneſ. cap. XX.

Soyons juſtes, & lorsque nous voyons qu' Abraham, le pere de tous les croyans, emploie deux fois
dans deux différentes occaſions, non ſeulement la
diſſimulation, mais le menſonge, pour ſe garantir des
attentats qu'on pourroit faire contre ſa vie, au risque
de la proſtitution de ſara ſa femme; ne reprochons
pas à un Prince d'avoir uſé d'une diſſimulation, qui ne
pouvoit nuire à perſonne, & qui au contraire évitoit
un crime à Conſtance qui n'auroit demandé que le
moindre prétexte pour faire mourir Julien.

un adultere à sa femme; s'il ne doit pas l'être à un Prince destiné par sa naissance à monter sur le Trône dont on vouloit le priver; & s'il ne peut pas user d'une dissimulation [19] qui non seulement ne nuit à personne, mais qui empéche un Empereur de commettre un crime énorme, en faisant mourir injustement son Neveu & son successeur naturel.

On dira peut-être que la vie de Julien ne couroit aucun risque, & qu'il n'avoit pas besoin de dissimuler, jusqu'au point d'embrasser l'état ecclésiastique: pour répondre à cette objection, je me contenterai de placer ici ce que dit l'Historien de la vie de Julien, au sujet de

---

[19] Saint Paul nous a donné l'exemple d'une sage dissimulation lorsque notre vie peut être en danger: car ayant été arrêté prisonnier, parcequ'il avoit prêché le miracle de sa couversion, & ce que lui avoit dit la voix de Jésus Christ *Saul, Saul, pourquoi me persécutes-tu*: il ne parla point de cela devant le Souverain Sacrificateur, & devant le tribun; ,,Paul ,,sachant, *dit S. Luc dans les Actes des Apôtres,* ,,qu'une partie d'entr'eux étoient des saducéens, & l'au- ,,tre des Pharisiens, il s'écria dans le conseil, hommes ,,freres, je suis Pharisien, fils de Pharisien, je suis ,,mis en cause pour l'espérance, & pour la résurrection ,,des morts; & quand il eut dit cela, il arriva une ,,dissension entre les Pharisiens & les Saducéens, &

SUR L'EMPEREUR JULIEN. LXVII

de la mort de Gallus, de ce Prince que l'Empereur Conſtance avoit fait mourir par une trahiſon horrible. On verra ſi Julien n'avoit pas à appréhender le même ſort. „Conſtance, dit „*l'Hiſtorien*, avoit commencé de porter envie „à Gallus, dès qu'il l'eut fait Céſar. Cette baſſe „jalouſie avoit été augmentée par quelques „avantages que le Céſar remporta ſur les Per- „ſes, qui étoient en poſſeſſion de vaincre Con- „ſtance, toujours malheureux dans les guerres „étrangeres. Les Eunuques & les flateurs, „qui faiſoient de cet Empereur leur jouet & „leur eſclave, ayant connu ſon foible, n'o- „mettoient rien d'un côté pour l'indiſpoſer con- „tre

„l'aſſemblée fut diviſée. Γνοὺς δὲ ὁ Παῦλος ὅτι τὸ ἓν μέρος ἐστὶ σαδδουκαίων τὸ δὲ ἕτερον Φαρισαίων, ἔκραξεν ἐν τῷ συνεδρίῳ· ἄνδρες ἀδελφοὶ, ἐγὼ Φαρισαῖός εἰμι, υἱὸς Φαρισαίου, περὶ ἐλπίδος καὶ ἀναστάσεως νεκρῶν ἐγὼ κρίνομαι· τοῦτο δὲ αὐτοῦ λαλήσαντος, ἐγένετο στάσις τῶν Φαρισαίων καὶ τῶν σαδδουκαίων καὶ ἐσχίσθη τὸ πλῆθος. Act. Apoſt. cap. 23. v. 6 & 7. Par une ſage retenue, & par une prudente adreſſe, St. Paul non ſeulement rendit les Phariſiens ſes défenſeurs; mais il évita toute la mauvaiſe volonté des ſaducéens. Il faut avoir bien envie de trouver des crimes dans la conduite de Julien, de lui en faire un d'avoir ſuivi l'exemple d'Abraham & de St. Paul.

„tre Gallus, & de l'autre pour faire commettre
„des fautes au jeune Prince, en l'irritant par
„des lettres & par des avis fecrets. Gallus
„naturellement crédule & farouche, encore
„aigri par Conftantine fa femme, que les hi-
„ftoriens nous peignent comme une furie alté-
„rée de fang; ne fe prêta que trop aux vues
„de fes ennemis, par fes cruautés & fa mau-
„vaife conduite. Les Eunuques l'accuferent
„alors d'afpirer à l'indépendance, & de vouloir fe
„faire proclamer Augufte: fa perte fut réfolue.
„Conftance l'attira par adreffe en Occident, &
„lui fit ôter la pourpre, & enfin la vie. Ainfi
„périt Gallus, frere de Julien, à l'âge de vingt
„neuf ans, après avoir éprouvé plus d'une
„fois la bonne & la mauvaife fortune. Il
„étoit Coufin germain de Conftance, & dou-
„blement fon beau-frere. La nature lui avoit
„donné un extérieur avantageux & propre à
„infpirer du refpect : mais il fut incapable de
„regner, de l'aveu de fon frere même. Les
„auteurs de cette cruelle intrigue risquoient
„trop en laiffant la vie à Julien. Ils l'impli-
„querent donc, fur les prétextes les plus frivo-
„les, dans les crimes de Gallus. Il fut ar-
„rêté & livré à des gardes, dont l'inhumanité
„lui fit fouhaiter plufieurs fois d'être au fond
„d'une prifon. Ils le trainerent de côté &
„d'au-

„d'autre pendant sept mois, & ils le conduisi-
„rent enfin à Milan, où la Cour étoit alors. Il
„y fut longtems entre la vie & la mort, ac-
„cusé par les Eunuques, & protégé par l'Im-
„pératrice Eusebe. Cette Princesse, qui avoit
„beaucoup d'amour pour les sciences, & un cœur
„tendre pour les malheureux, employoit en fa-
„veur de Julien tout le pouvoir que sa sagesse
„& sa beauté lui donnoient sur l'Empereur.
„Mais il étoit à craindre que son crédit ne
„pût tenir contre l'énorme puissance des enne-
„mis de Gallus, & en particulier de l'Eunuque
„Eusebe grand Chambellan, le plus dangereux
„de tous. Julien étoit soigneusement gardé;
„on épioit toutes ses paroles; on eût voulu
„deviner ses pensées, pour lui en faire des cri-
„mes. Il étoit perdu sans ressource, s'il lui
„fût échappé quelque plainte. Il falloit qu'il
„cachât au fond de son ame, la vive douleur
„qu'il ressentoit de la perte de son frere, & de
„ses propres malheurs."

On voit actuellement si Julien avoit de justes raisons de dissimulation; & l'on apperçoit dans le passage que je viens de rapporter, non seulement quel étoit l'état où il se trouvoit, mais encore combien Constance étoit un mauvais Prince.

RÉFLEXIONS

J'obferverai ici, au fujet des perfécutions de Conftance envers Julien, une chofe qui marque clairement que les voies dont Dieu fe fert pour opérer les plus grands évenements, font fecretes & inconnues aux foibles mortels. C'eft l'horrible caractere qu'ont eu les premiers Souverains qui ont embraffé le Chriftianifme: ils étoient des tirans plus cruels que les Néron & les Caligula. Conftantin commit, pendant tout le cours de fa vie, les crimes les plus épouvantables. Il fit mourir [20] fa femme injuftement; il fit périr fon fils Crifpe, Prince vertueux & de la plus grande efpérance, par une jaloufie infenfée. Après avoir attaqué [21] fon

[20] *Crifpus autem, nomen filii Conftantini Magni: quem indicta caufa occidit, jam Cæfareâ dignitate præditum, ob fufpicionem confuetudinis cum Faufta noverca, legis naturalis nulla habita ratione: quem tantum cafum matrem Helenam ægre ferentem ut confolaretur, fcilicet Conftantinus, malum malo majore eft medicatus, balneo enim fupra modum calefacto Fauftam in eo collocatam eduxit mortuam.* „Suidas in art. Conftantini.„

[21] *Quum autem Conftantinus etiam Nicomediæ Licinium obfideret, rebus ille defperatis, quod fciret nullas fibi reftare juftas & fatis amplas ad dimicandum copias, egreffus urbe fupplex Conftantino factus eft, &*

son beau-frere Licinius, sans aucun prétexte légitime, il lui promit à Thessalonique, sur la foi des sermens les plus sacrés, de lui conserver la vie; mais peu de mois après il le fit mourir. Son fils Constance fut encore plus cruel que lui, & l'on peut dire que, sous les deux premiers Empereurs Chrétiens, l'Empire vit commettre plus de forfaits, qu'il n'en avoit vû sous le regne de quarante Empereurs.

Il semble que les premiers Rois Chrétiens aient voulu disputer en cruauté & en perfidie avec les Empereurs. Clovis a été sans doute un des plus mauvais Princes qu'il y ait jamais eu. On ne peut lire sans horreur sa vie dans Mé-

---

allata purpura Imperatorem ac Dominum clamabat - - - - Licinio Thessalonicam ablegato, velut istic securè victuro. Neque multo-post ei, violata juris jurandi religione (quod quidem Constantino non insolens erat) laqueo vitam ademit. „Zosim. Hist. lib. 2, pag. 10." Constantin ne se contenta pas de faire mourir sa femme, son fils, son beau-frere; il fit aussi périr son Neveu, jeune homme d'un excellent naturel & d'une grande espérance; il ôta aussi la vie à plusieurs de ses Amis; *primum necessitudines persecutus, egregium virum & sororis filium commodæ indolis juvenem, interfecit, mox uxorem, post numerosos amicos.* „Eu-„trop. Breviarium, X, 4."

Mézerai. Parmi un nombre d'actions infames, je me contenterai d'en rapporter ici deux traits, & pour qu'on ne croie pas que je les furcharge, je citerai les propres termes de l'Hiſtoriographe de France: [22] „Il ne fut pas difficile à Clovis „de corrompre les Capitaines de Rancaire, aux-„quels il promit des armes toutes d'or en ré-„compenſe. Ils ne manquerent pas le jour du „combat, de le livrer pieds & mains liés au „Roi, qui le tua lui & ſon fils à coups de hache „de ſa propre main, leur reprochant qu'ils dés-„honoroient ſa race, de s'être laiſſés mettre „à la chaîne comme des Coquins; ingrat en „leur endroit de l'aſſiſtance qu'ils lui avoient „prêtée au beſoin contre les Soiſſonnois; & „plus juſte envers les traîtres, qui lui avoient „vendu ce Prince; car il ne leur donna que „des armes de laiton doré, & comme ils ſe „plaignoient de ſa tromperie, il les renvoya „bien rudement. Après cela il ſe ſaiſit de Cura-„ric & de ſon fils, prenant pour ſujet qu'ils „étoient demeurés neutres durant la guerre „qu'il avoit eue contre Sigarius, & les fit raſer „pour leur ôter la qualité de Princes. Alors „le fils conſolant le pere ſur cet affront, *ces*
„*bran-*

---

[22] Mézerai, Hiſtoire de France, Tom. I. pag. 37. Edit. in fol.

„branches, lui dit-il, *que l'on taille sur des ar-*
„*bres si verds & si pleins de seve, repousse-*
„*ront, s'il plait à Dieu, au dommage de celui*
„*qui les fait couper.* Mais les cellules du
„Monastere où ils étoient enfermés, ne furent
„pas sourdes, & rapporterent ce discours à
„Clovis, qui fit couper les arbres par le pied.
„Sigibert, Prince de Cologne, qui l'avoit si
„généreusement servi dans toutes ses affaires,
„fut surpris après les autres par un étrange
„artifice. Le Roi suborna un flateur pour
„dire ces mots à Cloderic son fils; Ton Pere
„Sigibert est appésanti de vieillesse, & d'une
„blessure à la cuisse, qui le fait clocher; (il l'a-
„voit reçue à la journée de Tolbiac contre les
„Allemans, en secourant Clovis.) s'il venoit à
„décéder, je suis assuré de bonne part, que le
„Roi Clovis te rendroit amiablement le Roy-
„aume. Sur cette créance le fils, trompé de
„la convoitise de regner, fait assassiner son Pere,
„en donne avis au Roi, & s'offre à lui envoyer
„telle part qu'il lui plairoit avoir de ses trésors.
„Comme il vit donc les Députés du Roi, ar-
„rivés exprès pour recevoir cet or : *Voilà*,
„leur dit-il en leur montrant un grand coffre,
„*où mon Pere tenoit ce qu'il avoit de plus pré-*
„*cieux.* Mettez y la main jusques au fond,
„*lui répondirent les Députés.* Alors, comme
„ils

„ils le virent courbé, ils l'assommerent à coups
„de hache. Clovis fit semblablement assassiner
„Rignomeres Roitelet du Mans, & beaucoup
„d'autres Princes ses Parents, afin de s'empa-
„rer de leurs terres & de leurs trésors; & pour
„savoir finement s'il ne restoit point encore
„quelqu'un de sa race dont il se pût délivrer;
„il étoit accoutumé de dire qu'il s'estimoit
„malheureux d'être demeuré parmi les étran-
„gers, & sans aucun parent qui l'assistât au be-
„soin. Aussi à vrai dire, ce n'étoit pas sans
„raison, quoique ce ne fût pas sa pensée, qu'il
„se plaignoit ainsi."

Voilà quels ont été les premiers Souverains qui ont embrassé notre sainte Religion. Dieu a sans doute voulu prouver aux hommes, qu'il pouvoit, pour établir les choses les plus saintes & les plus grandes, se servir également de tous les sujets, & de ceux même qui paroissoient les moins propres. C'est ainsi que
pour

---

[23] *Attamen uxors peccatorum pessima, illorum inquam, quos antequam faceres cœlum & terram secundum abyssum judiciorum tuorum occultorum, semper autem justorum, præscivisti ad mortem æternam: quorum dinumeratio nominum & meritorum pravorum apud te est, qui numerum arenæ maris dinumerasti, & dimensus es profundum abyssi, quos reliquisti in suis*

pour nous montrer les profondeurs de ſes jugemens, il permet que Julien, Prince rempli
de vertus, s'égare & tombe dans la voie de
perdition; tandis que Conſtantin & Clovis,
ſouillés des plus grands crimes, embraſſent
une religion dans laquelle ils peuvent obtenir
un ſalut, auquel Julien ne peut jamais eſpé-
rer. C'eſt ici qu'il faut appliquer les paroles
de S. Auguſtin ſur la prédeſtination. „O mon
„Dieu, [23] dit-il, la mort la plus terrible eſt
„celle des pécheurs que vous avez condamnés
„à la mort éternelle, dans le ſecret de vos ju-
„gemens, avant que vous fiſſiez le Ciel & la
„terre. Vous connoiſſez leurs noms & leurs
„actions, vous qui ſavez le nombre des grains
„de ſable de la mer. Ceux que vous avez
„laiſſés dans leurs ordures, ne font que de mau-
„vaiſes actions, & les prieres même qu'ils vous
„adreſſent ſont des péchés; Enſorte que s'ils
„s'élévoient juſques au Ciel, ils ſeroient cepen-
„dant

immunditiis, quibus omnia cooperantur in malum & ipſa etiam vertitur oratio in peccatum, ut ſi etiam uſque ad cœlos aſcenderint, & caput eorum nubes tetigerit, & inter ſidera cœli collocaverint nidum ſuum, quaſi ſterquilinium in fine perdentur. „Auguſt. lib.
„ſoliloq. Cap. 27. Num. 4.„

„dant perdus à la fin. Au [24] lieu que ceux
„qui font écrits dans le Livre de vie, ne
„peuvent jamais périr; tout ce qu'ils font
„eſt bien, & leurs péchés font même de bon-
„nes actions. Lorsqu'ils tombent ils ne fe
„bleſſent point, parceque vous les foutenez
„de votre main, veillant à la conſervation de
„leurs os, pour qu'aucun d'eux ne fe brife.„

Quand on fait les fages réflexions de
S. Auguſtin fur les profondeurs de la prédeſtination, les objections des prétendus efprits
forts fur le caractere des premiers Souverains
Chrétiens, disparoiſſent; l'on n'eſt plus étonné
qu'un Ange apporte au facre de Clovis la Sainte
Ampoule. Tous les raifonnemens des Proteſtans contre ce miracle font énervés: ils ne
peuvent, fans eſſuyer le reproche d'inconfé-
quence, eux qui admettent la prédeſtination

en-

---

[24] *Qui etiam ſcripti funt in libro vitæ, qui nequaquam perire poſſunt: quibus omnia cooperantur in bonum, ipſa peccata; cum enim cadunt non colliduntur,
quia tu fupponis manum tuam: cuſtodiens omnia oſſa
eorum, ut unum ex eis non conteratur.* „ib. ib. num. 3.„

[25] St. Auguſtin dit encore la même chofe dans un
autre ouvrage. Voici un paſſage plus Décifif que tous
ceux que nous avons rapportés, & dans le quel les ex-
preſſions, *omnino perire non poſſunt* fe retrouvent

encore plus rigidement que S. Auguftin, nier que Dieu n'ait pu faire un miracle autentique en faveur d'un très mauvais Prince, s'il étoit écrit au nombre de ceux dont les péchés deviennent de bonnes actions, & qui ne fauroient jamais périr. [25] *Qui etiam fcripti funt in libro vitæ: qui nequaquam perire poffunt: quibus omnia cooperantur in bonum, etiam ipfa peccata.*

Après avoir juftifié Julien des deux reproches que fon Hiftorien lui fait en donnant fon portrait; je vais en examiner un troifieme, qu'il place dans un autre endroit, & qui eft celui fur lequel non feulement les Ecrivains Eccléfiaftiques, mais même tous les auteurs modernes, ont le plus appuyé. Il s'agit du projet qu'avoit cet Empereur de détruire entierement le Chriftianisme. Comme on ne peut

---

quicumque ergo in Dei providentiffima difpofitione præfciti, prædeftinati, vocati, juftificati funt, non dico etiam nondum renati, fed etiam nondum damnati, jam filii deo funt, & omnino perire non poffunt. talibus deum diligentibus tum omnia cooperantur in bonum; usque adeo prorfus omnia, ut, etiam fi qui eorum deviant & exorbitant, etiam hoc ipfum eis faciat proficere in bonum. Aug. lib. de corruptione & gratia. art. XXIII. pag. 766. tom. X. edit. venet.

peut nier qu'il ne l'ait eu, il ne reste plus qu'à examiner, si dans la situation où se trouvoit Julien, ce projet pouvoit être exécuté, & s'il n'étoit pas contraire à la probité. Quant à moi, je crois que Julien ne pouvoit pas agir différemment de ce qu'il fit. Je vais mettre la proposition que j'avance, hors de doute.

Il est démontré que Julien étoit Païen de bonne foi, il est encore démontré qu'il regardoit la Religion Chrétienne, comme une Secte pernicieuse, qui ne tendoit pas à moins qu'au renversement total des Temples, & à la suppression entiere du culte des Dieux. Or un homme qui est convaincu de la vérité de sa religion, doit empécher qu'elle ne soit détruite. S'il n'agit pas en conséquence, il manque à sa conscience. Donc Julien a pu, en suivant les regles de la probité, tâcher d'anéantir le Christianisme, & de rétablir le Paganisme dans l'état où il avoit été avant qu'il y eût des Chrétiens; sans pourtant [26] contraindre les Chrétiens par la force & par les supplices, mais en favorisant le Paganisme.

L'on dira peut-être que Julien agissoit d'une maniere injuste, en ne voulant pas favoriser

[26] Julien ne força jamais aucun Chrétien à changer

rifer le Christianisme, lui qui protégoit toutes les Sectes différentes des Philosopues, même celle des Epicuriens, qui n'étoient pas moins contraires aux Dieux que les Chrétiens. Je réponds à cela, que les Epicuriens ne disoient point qu'il falloit renverser les Temples, détruire la Religion de l'Etat, pendant l'exercice de laquelle Rome avoit triomphé de l'Univers, & qui passoit dans l'esprit de ceux qui l'exerçoient, pour la plus ancienne du monde. La Religion de Julien n'avoit rien à craindre des Dogmes des Epicuriens: mais il falloit qu'elle fût perdue entierement, si le Christianisme subsistoit, comme cela est arrivé.

On peut dire que Julien regardoit les différentes Sectes des Philosophes qui n'admettoient pas les principaux dogmes de la Religion païenne, comme on regarde en Angleterre les Non-conformistes. L'Etat souffre toutes les différentes Communions, parcequ'elles ne prêchent point la destruction de la dominante. Mais il n'accorde pas les mêmes privileges à la Romaine, parcequ'une de ses opinions favorites est l'intolérance. Le Christia-

de Religion : il ne prétendit nuire au Christianisme qu'en empêchant la ruine des Païens.

ſtianiſme étoit préciſement pour Julien, ce qu'eſt le Catholicisme pour l'Angleterre.

C'eſt une choſe bien déplorable de voir que dès que les Chrétiens n'ont plus eu rien à craindre des Païens, ils ont commencé non ſeulement à perſécuter vivement ces mêmes Païens dont ils avoient ſi fort condamné l'intolérance; mais ils ſe ſont déchirés entr'eux de la maniere la plus cruelle. On peut établir deux faits très aiſés à démontrer évidemment: premierement que les Chrétiens ont été les plus cruels perſécuteurs, dès le moment qu'ils ont pu l'être: ſecondement que c'eſt à l'eſprit d'intolérance, qui a regné parmi les théologiens anciens & modernes, qu'on doit attribuer les plus grands malheurs & les plus funeſ-

---

27 St. Athanaſe nous a conſervé le Souvenir de toutes ces cruautés: „George, dit-il, qui avoit été ac-„coutumé aux plus grands crimes par les Arriens, „ayant été envoyé dans la Capadoce, mit le comble à ſes „forfaits. Il eût fallu le voir après la ſemaine de Pâ-„ques, enfermer les Vierges dans des cachots, faire „conduire par des Soldats les Evêques liés & dans les „fers, dévaſter les maiſons des Veuves & des orphe-„lins; car aucune demeure ne fut à l'abri de ſon bri-„gandage: les Chrétiens étoient enlevés de chez eux „pendant la nuit, & les freres des Clercs étoient cités

funestes guerres. Rien n'est si aisé que d'établir invinciblement ces faits.

Sous Constance, les Païens commencerent à être privés d'une partie de leurs temples. Sous Théodose, l'exercice de leur Religion fut entierement supprimé. On en vint dans la suite, jusqu'à punir de mort ceux qui l'exerçoient.

Les Chrétiens ne se bornerent pas à persécuter les Païens: ils s'acharnerent les uns contre les autres; & selon qu'un parti fut protégé par l'Empereur, il fit à l'autre les maux les plus cruels. Lorsque les Arriens sous Constance eurent du crédit, ils firent chasser de leur poste, emprisonner, battre, mourir les Orthodoxes; [27] & quand, sous d'autres Empe-

„pour venir repondre pour leurs freres. Voilà des
„choses bien cruelles; mais en voici qui le font encore
„plus: dans la semaine après la Pentecoste, les jours
„de jeune étant accomplis, le peuple se rendit dans le
„cimetiere, parcequ'il avoit en horreur d'être en com-
„munion avec George: ce que ce scélérat ayant ap-
„pris, il fait prendre les armes à sebastianus le chef
„des Soldats, qui étoit de la secte de Manichéens: cet
„homme poussé par George, se j'ette sur le peuple
„avec ses satellites, dont les uns étoient armés de
„dards, les autres d'épées nues: mais ne trouvant pas

pereurs, les Orthodōxes furent appuyés, ils traiterent auſſi cruellement leurs adverſaires.

L'es-

„aſſez de monde en prieres au cimetiere, parceque le
„jour étant avancé, pluſieurs s'etoient retirés; il dé-
„ſigna ceux qu'on devoit chercher: alors on vit des
„vierges préſentées devant des buchers ardens pour
„les obliger d'embraſſer la religion des Arriens, &
„lorsqu'elles reſtoient attachées à la foi, on les dés-
„habilloit; & quand elles étoient nues, on leur meur-
„triſſoit le viſage par des coups, qui les ont rendues
„méconnoiſſables pendant très longtems à leurs pa-
„rens mêmes: quarante hommes ayant été arrêtés, fu-
„rent déchirés par un ſupplice qui avoit été inconnu
„jusqu'alors; on les battit avec des verges de palmier,
„d'où l'on n'avoit point ôté les pointes & les épines,
„enſorte qu'elles reſterent dans le dos de ces malheu-
„reux; pluſieurs ne purent pas être guéris, quelque
„ſoins qu'employaſſent les médecins: quelques autres
„moururent dans la douleur des opérations que ceux
„qui les penſoient, étoient obligés de leur faire. Le reſte
„des infortunés qu'on avoit arrêtés, fut conduit en exil
„dans une province de l'Egypte. On refuſa de donner
„aux parens les corps de ceux qui avoient été tués.„

ἔτ' ἐλθὼν τῇ τεσσαρακοςῇ ὁ παρ᾽ αὐτῶν ἀποςαλεὶς ἐκ
καππαδοκίας γεώργι©, ηὔξησεν ἃ παρ᾽ αὐτῶν μεμε-
ϑηκε κακά. μετὰ γὰρ ἑβδομα τῦ πάσχα, παρϑένοι
εἰς δεσμωτήριον ἐβάλλοντο ἐπίσκοποι ἤγοντο ὑπὸ ςρα-
τιωτῶν δεδεμένοι, ὀρφανῶν καὶ χηρῶν ἡρπάζοντο οἰκίαν

SUR L'EMPEREUR JULIEN. LXXXIII

L'esprit d'intolérance se perpétua dans le Christianisme. Sous Théodose le jeune, en Ori-

καὶ ἄρτοι, ἔφοδοι κατὰ τῶν οἰκιῶν ἐγίνοντο, καὶ νυκτὸς οἱ χριστιανοὶ κατεφέροντο. ἐπεσφραγίσθησαν οἰκίαι. καὶ ἀδελφοὶ κληρικῶν, ὑπὲρ τῶν ἀδελφῶν ἐκινδύνευον. καὶ δεινὰ μὲν ταῦτα, δεινότερα δὲ τὰ μετὰ ταῦτα τολμήματα· τῇ γὰρ ἑβδομάδι μετὰ τὴν ἁγίαν πεντηκοστὴν ὁ λαὸς νηστεύσας, ἐξῆλθε περὶ τὸ κοιμητήριον εὔξασθαι, διὰ τὸ πάντας ἀποστρέφεσθαι τὴν πρὸς γεώργιον κοινωνίαν. ἀλλὰ τοῦτο μαθὼν ὁ παμπόνηρος αὐτὸς, παροξύνει τὸν στρατηλάτην σεβαστιανὸν, μανιχαῖον ὄντα, καὶ λαβὼν αὐτὸς μετὰ πλήθους στρατιωτῶν, ὅπλα καὶ ξίφη γυμνὰ καὶ τόξα καὶ βέλη φερόντων, ὥρμησεν ἐν αὐτῇ τῇ κυριακῇ κατὰ τῶν λαῶν. καὶ ὀλίγους εὑρὼν εὐχομένους, οἱ γὰρ πλεῖστοι λοιπὸν διὰ τὴν ὥραν ἀναχωρήσαντες ἦσαν, τοιαῦτα εἰργάσατο, οἷα παρ᾽ αὐτῶν ἔπρεπεν ἀκούσαντα πρᾶξαι. πυρκαϊὰν γὰρ ἀνάψας, καὶ στήσας παρθένους παρὰ τὸ πῦρ, ἠνάγκαζε λέγειν, ἑαυτὰς τῆς ἀρείου πίστεως εἶναι. ὡς μὲν νικώσας αὐτὰς ἔβλεπε καὶ μὴ φρενιζούσας τῷ πυρός, γυμνώσας λοιπὸν, οὕτως κατέκοψεν εἰς τὰ πρόσωπα, ὡς μετὰ χρόνον μόγις αὐτὰς ἐπιγνωσθῆναι. ἄνδρας δὲ κρατήσας τεσσαράκοντα, καινοτέρῳ τρόπῳ κατέκοψε. ῥάβδους γὰρ τὰς ἀπὸ τῶν φοινίκων εὐθὺς τεμὼν, ἐν αὐταῖς ἐχούσας ἔτι τὰς σκόλοπας, τὰ νῶτα τούτων οὕτως ἐξέδειρεν, ὡς τινὰς μὲν, πολλάκις χειρουργηθῆναι διὰ τὰς ἐναποπαγέντας

Orient, les Nestoriens persécuterent & furent persécutés tour à tour; [28] quelque tems après, en Occident, les Vaudois & les Orthodoxes se massacrerent mutuellement. Dans la suite, les Hussites furent obligés de prendre les armes pour se défendre contre leurs adversaires. Les protestans Luthériens & Réformés vinrent enfin. On sait depuis trois siecles, quels maux a causé à l'Europe l'intolérance & la

ἐν αὐτοῖς σκόλοπας, τινὰς δὲ καὶ μὴ φέροντας, ἀποθανεῖν. πάντας μὲν οὖν τὰς περιλειφθέντας, ἀθρόως, καὶ τὴν παρθένον, ἐξώρισαν εἰς τὴν μεγάλην Ὄασιν· τὰ δὲ σώματα τῶν τετελευτηκότων, οὐδὲ τοῖς ἰδίοις κατὰ τὴν ἀρχὴν ἀποδοθῆναι πεποιήκασιν. Athanas. Apolog. de Fuga, ad Imperat. Constantium. pag. 545.

[28] Nous venons de voir les plaintes d'un Evêque orthodoxe contre les hétérodoxes: voyons actuellement celles d'un Evêque hétérodoxe contre les orthodoxes. Nous trouverons les choses à peu près égales. ,,Je ,,passe sous silence, *dit un Evêque,* du cinquieme sie-,,cle, persécuté pour le Nestorianisme; les chaines, les ,,cachots, les confiscations des biens, les notes d'infa-,,mie; ces massacres dignes de compassion, dont l'é-,,normité est telle que ceux même qui ont le malheur ,,d'en être les témoins, ont peine à les croire véritables: ,,toutes ces tragédies sont jouées par des Evêques.... ,,parmi eux l'effronterie passe pour une marque de cou-,,rage; ils appellent zele leur cruauté, & leur four-

SUR L'EMPEREUR JULIEN. LXXXV

la division des Chrétiens. On ne sauroit en lire l'histoire sans horreur. Il est donc certain, & on ne peut le nier sans nier les vérités les plus claires de l'histoire, que les théologiens ont rendu, par leurs disputes sur les Dogmes, l'Univers malheureux; & que les Chrétiens ont commencé à disputer avec fureur sur ces dogmes, dès les premiers moments qu'ils ont, pour ainsi dire, respiré, & qu'ils ont eu

„berie est honorée du nom de sagesse.„ Σιωπῶ τά δεσμά, τά δεσμωτήρια, τάς ζημίας, τάς ἀτιμίας, τάς μάςιγας, τά τῶν φόνων ἐλεεινά θεάμαΤα ϰαὶ μετά τήν πεῖραν αὐτήν δί ὑπερβολήν ἀπιςὄμενα, ϰαὶ ταῦτα δραματεργεῖται διά πολλῶν ἱερέων . . . . . . ἡ θρασύτης ἀνδρεία νενόμιςαι, ἡ ὠμότης ζῆλος ὠνόμαςαι ὁ δόλος σοφία λελόγιςαι. Etherius, Fyraorum Episcopus inter opera Theodoriti Tom. V. pag. 688 & 689. Lorsque je vois tant de cruautés dans l'histoire ecclésiastique, je suis tenté de demander à certains théologiens persécuteurs, de m'apprendre quels effets elles ont produit dans les communions où elles ont été pratiquées: loin de les accroître, elles en ont éloigné tous les gens pacifiques qui haïssent la persécution, & tous les gens sages qui sont véritablement convaincus qu'il ne faut pas faire aux autres ce que nous ne voudrions pas qu'on nous fît à nous-mêmes: *ne feceris alteri quod tibi fieri non vis.*

en quelque pouvoir. Ils n'ont été tranquilles, pendant les trois premiers siecles, que parceque les Païens ne leur donnoient pas le moyen de pouvoir persécuter: à peine y eût-il un Souverain Chrétien, qu'ils ne se contenterent pas d'attaquer les Païens, mais qu'ils se firent entr'eux une guerre cruelle.

Il n'y a pas de doute que Julien, qui avoit été à portée de connoître l'esprit d'intolérance qui regnoit parmi les Chrétiens, la haine que se portoient les deux différentes sectes qui les partageoient alors; n'eût compris que ces cruelles divisions ne pouvoient qu'entrainer la perte de l'Empire, comme en effet cela arriva dans la suite. Et sans doute c'étoit là une des principales raisons qui le portoient à souhaiter la destruction du Christianisme; la politique entroit autant dans ses projets, que le zele du Paganisme. Il faut convenir qu'à ne raisonner qu' humainement, cet Empereur pensoit d'une façon très juste.

On peut faire deux objections à ce que je viens de dire: la premiere c'est que si le Christianisme devoit nécessairement détruire l'Empire, Dieu établissoit donc une Religion pernicieuse. La seconde, c'est qu'en attribuant à notre sainte croyance les plus funestes malheurs & les plus grands crimes, c'est préten-

tendre qu'elle est fausse; car le mal ne peut prendre son origine d'une chose divine.

Je réponds à la premiere objection, que Dieu, qui se sert selon sa sagesse & selon sa puissance, des choses qui souvent nous sont les plus inconnues, pouvoit vouloir que l'Empire Romain, qui s'étoit souillé du sang des martyrs, fût détruit par ce même Christianisme qu'il avoit persécuté.

Quant à la seconde objection, quoiqu'elle paroisse plus forte, on peut cependant y répondre aisément. Car l'Ecriture nous apprend qu'il faut que l'Eglise soit attaquée pour que sa Sainteté paroisse évidemment par sa fermeté & par sa stabilité, contre les quelles tous les efforts humains & toutes les forces de l'Enfer ne prévaudront jamais. *Oportet esse hæreses.*

Ces raisons sont convaincantes pour ceux qui sont assez heureux pour être Chrétiens; mais les incrédules soutiennent qu'il est absurde de vouloir établir la sainteté de l'Eglise, sur une suite de maux perpétués dans tous les siecles; ils disent qu'elle devroit être fondée sur des preuves bien plus claires, & bien plus dignes de la bonté de l'Etre suprême. Il auroit fallu, continuent les mêmes incrédules, que la sainteté de l'Eglise fût démontrée par la sainteté de la vie des Ecclésiastiques, par les

actions pieuses de ceux qui sont dans l'Episcopat. Or nous voyons dans la vie des Papes, que pour un de vertueux, il y en a eu trente vicieux. Donc la seule preuve qui auroit été digne de la Divinité, manque à l'Eglise. Donc sa sainteté n'est point prouvée, & ne peut l'être par une chose qui montreroit plutôt qu'elle n'est fondée que sur des vues humaines. Car enfin l'on juge de la bonté d'une cause par les effets que l'on en voit ; comment prononcer en faveur de la sainteté d'une chose qui produit dans tous les siecles les plus grands crimes dont les hommes soient capables ? c'est vouloir croire qu'un Corps composé de membres pourris, jouit de la plus parfaite santé.

Lorsqu'on considere les intrigues perpétuelles de la Cour de Rome, les persécutions, les injustices que les trois quarts des Papes ont faites, dont leur histoire est remplie, & qu'on ne sauroit nier sans se rendre ridicule : quand à la conduite des Papes, on ajoute celle de la plus grande partie des Evêques, qui vivent dans le luxe & dans l'abondance, qui sont plus attachés à la Cour qu'à leur Diocese, qui sous prétexte de la Religion, persécutent ceux qu'ils n'aiment point, qui pour augmenter leurs revenus

---

[19] Οὔτε ὡς ὑψηλὰ φρονῶ καὶ ὑπῆρξαι κοσμικὰ ἀξιώ-

venus & leurs prérogatives, font très souvent aussi mauvais Citoyens que mauvais Chrétiens: quand on fait réflexion au peu de charité chrétienne qui regne dans les communautés ecclésiastiques, qui se haïssent & se déchirent mutuellement, les Jésuites décriant les Bénédictins, & les Peres de l'Oratorie; ceux ci rendant l'échange aux Jésuites: les Dominicains enviant les Cordéliers jusqu'au point d'occasionner le schisme le plus grand qui soit jamais arrivé: lorsqu'on songe, dis-je, à tout cela, il est impossible de se persuader que la société que composent tant de gens si peu vertueux, soit une Société à laquelle on doive attribuer la sainteté & l'infaillibilité pour partage.

Ce qu'il y a d'étonnant, c'est que l'orgueil & l'ambition ont été les vices des Ecclésiastiques, dès le moment qu'ils ont osé se montrer tels qu'ils étoient. La persécution des païens cessa sous Constantin: & sous le même Prince la vanité des Evêques commença à paroître. Bientôt après, ils firent, comme aujourd'hui, beaucoup plus d'état des honneurs mondains, que de la simplicité chrétienne. Voici comment Eusebe parle dans son Histoire Ecclésiastique d'un Evêque de son tems. [29] „Je ne

ματα ὑποδυόμενος ἢ Διχνάριος μᾶλλον ἢ Ἐπίσκοπος

„ne dirai rien de l'orgueil & de l'arrogance „que lui ont causé les dignités séculieres dont „il étoit revêtu. Il aimoit mieux qu'on lui „donnât le titre de *Ducenaire*, que celui d'E- „vêque: il marchoit pompeusement dans les „places publiques, lisant & dictant des lettres, „environné de gardes, dont les uns le précé- „doient, & les autres marchoient à sa suite; „son faste & son arrogance avoient rendu la „Religion Chrétienne méprisable aux Païens." Si l'on faisoit le portrait d'un Evêque d'Angleterre, allant prendre séance dans la Chambre haute, ou celui d'un Cardinal françois, premier Ministre; le dépeindroit-on autrement qu'Eusebe nous dépeint son Prélat du quatrieme siecle? On voit que la vanité & l'arrogance ne sont pas nées dans la vieillesse de l'Eglise, & qu'elles y ont regné, pour ainsi dire, dès son enfance.

Voilà comme raisonnent les incrédules. Je sais que leurs discours sont peu conséquents; il faut cependant convenir qu'ils peuvent

θέλων καλεῖσθαι; καὶ σοβῶν κατὰ τὰς ἀγορὰς, καὶ ἐπιστολὰς ἀναγινώσκων, καὶ ὑπαγορεύων ἅμα βαδίζων δημοσία καὶ δορυφορούμενος, τῶν μὲν προπορευομένων τῶν δὲ ἑπομένων πολλῶν τὸν ἀριθμὸν, ὡς καὶ τὴν πίστιν φθονεῖσθαι, καὶ μισεῖσθαι διὰ τὸν ὄγκον αὐτοῦ καὶ τὴν

vent faire quelque impression sur les esprits foibles. Heureux sont ceux qui ne leur prêtent aucune attention, & qui sont fermement persuadés que la pureté & la sainteté de l'Autel ne dépendent pas des défauts de ceux qui le desservent. Il est absurde de croire que la Religion, prouvée & démontrée invinciblement, est néanmoins fausse, parcequ'elle est mal pratiquée. Ce raisonnement est aussi peu concluant, que celui qui tendroit à établir la vérité de la croyance des Quakers & des Trembleurs, parcequ'ils y sont véritablement attachés. Il seroit cependant à souhaiter que les Prêtres, pour ôter ces arguments aux incrédules, voulussent à la Sainteté de leur ministere, joindre la charité, la chasteté, la modestie, l'humilité, & toutes les vertus qui doivent être le partage d'un Evêque & d'un prêtre. Mais lorsque l'on dit à ces mêmes Incrédules, qu' enfin cela arrivera un jour : ils répondent qu'on verra alors effectuer ce que Virgile [30] dit dans ces deux Vers :

Ante

ὑπερηφανίαν τῆς καρδίας. Euseb. Histor. Ecclesiast. lib. VII. cap. 30. pag. 280. Valès. Ne diroit-on pas que voilà le portrait des Cardinaux ministres, soit à Versailles, soit à Vienne, soit à Madrid ?

[30] Eclog. 1. vers 62.

Ante pererratis amborum finibus exsul,
Aut Ararim Parthus bibet, aut Germania
Tigrim.

Au reste les Ecclésiastiques de toutes les différentes Communions, si opposés entr'eux dans les opinions Théologiques, se ressemblent parfaitement & pensent très uniformement dans ce qui regarde l'envie de dominer & de gouverner. Si les Protestans sont plus tolérans & plus modestes, c'est qu'ils n'ont point autant d'occasions que les Catholiques de faire paroître leur vanité. L'on sçait assez combien, dans différentes occasions, les Ministres ont voulu avoir quelque part au Gouvernement de l'Etat; en Angleterre les Anglicans sont sentir le plus qu'ils peuvent, leur autorité aux Nonconformistes; & quant à l'intolérance, sans nous amuser à faire de longs discours, citons des exemples frappans. Il faut céder à l'expérience: tous les discours les plus étudiés ne peuvent en obscurcir l'évidence; écoutons l'illustre Bayle. Voici ce qu'il écrivoit à un de ses amis. [31] „Le temple des Réfugiés de Copen-
„hague est rouvert depuis quelque temps, le
„Roi de Dannemark ayant été désabusé des fausses „ses impressions que les Théologiens Luthériens,
&

---

[31] Lettres de Bayle Tom. 1. pap. 123

„& furtout le Profeffeur Mafius lui avoient „voulu donner contre la Doctrine des Réfugiés.„ Les Miniftres Luthériens d'Allemagne ne font pas moins intolérans, lorsqu'ils le peuvent, que ceux de Dannemark & de Suede. A Strasbourg & à Francfort, ils ont empêché qu'on ne donnât une Eglife aux Calviniftes.

Avant de finir les Réflexions fur l'intolérance, qui juftifient les craintes qu'avoit Julien de voir après fa mort les Payens perfécutés par les Chrétiens, & l'Empire détruit par les difputes de ces mêmes Chrétiens; je ne puis m'empêcher de faire encore quelques remarques fur le dogme de l'intolérance, que foutiennent publiquement dans leurs Ecrits tous les Théologiens Catholiques & furtout les Jéfuites. Quand on fonge aux fuites pernicieufes & barbares de ce Dogme, aux maux qu'il caufe non-feulement aux Non-conformiftes, mais à un nombre infini de Catholiques, qui font dans les pays d'une Communion différente de la leur; on ne peut non feulement s'empêcher de regarder comme des tyrans cruels ceux qui foutiennent un pareil Dogme; mais on eft forcé de les confidérer comme de féroces infenfés, qui par fanatifme facrifient leurs freres, & les rendent odieux à tous leurs concitoyens. Ne faut-il pas avoir perdu, non feulement toute

vertu, mais encore toute prudence, pour ofer dire aux Anglois: „Meſſieurs, vous ne risquez „rien en laiſſant augmenter les Catholiques: „vous êtes injuſtes dans votre conduite à leur „égard: vous n'avez rien à craindre d'eux: ils „ſavent qu'il ne leur eſt pas permis de prendre „les armes pour étendre leur Religion: ils ſont „les fideles imitateurs des Chrétiens des deux „premiers Siecles:„ Tandis que d'un autre côté on imprime tous les jours, dans les pays Catholiques, que la tolérance eſt un crime, [32] &

[32] Les Journaliſtes de Trévoux ſe ſont efforcés pendant cinquante ans d'établir cette maxime ſi pernicieuſe à la ſociété civile. Les Janſéniſtes leur en font ſentir aujourdui toute la rigueur, & leur rendent avec uſure les perſécutions qu'ils leur ont fait ſoufrir autrefois. Si les philoſophes avoient des ſentimens auſſi vindicatifs que les théologiens, ils ſe réjouiroient ſans doute en conſidérant leurs ennemis s'entre-Détruire avec le plus grand acharnement; mais bien loin de goûter ce plaiſir barbare, ils gémiſſent de voir des gens, qui ont de l'eſprit & du Savoir, l'employer auſſi mal, faire ſervir une religion toute ſainte qui ne preche que la paix, l'union, le pardon des offenſes, de prétexte à leur jalouſie & à leurs inimitiés, fournir une occaſion de ſcandale aux eſprits foibles, de plaiſanterie aux incrédules, & de triomphe aux hérétiques, qui voient

& qu'on doit faire gloire d'être intolérant ? En Espagne, en Portugal, en Italie, l'Inquisition fait bruler un homme, s'il ne pense pas comme les Inquisiteurs. N'est-il pas affreux qu'il y ait un Tribunal qui décide de la vie des hommes, où l'une des parties intéressées est juge dans sa propre cause. En France le Gouvernement ne donne point aux Ecclésiastiques le pouvoir de persécuter : mais il est lui-même quelquefois séduit par leurs sollicitations, par leurs cris, par leur cabale ; & il devient alors in-

la religion catholique déchirée par ses propres théologiens, qui sont prêts à s'égorger entr'eux avec autant de fureur, qu'ils massacrerent autrefois les protestans dans la funeste journée de la saint-Barthelemi. C'est avec bien du regret que les philosophes, dont le caractere est naturellement porté à la paix, se convainquent tous les jours davantage, qu'on peut dire de l'entousiasme que les théologiens des différentes communions ont pour leurs opinions, ce que Juvénal dit de la haine des anciens peuples pour les Dieux de leurs voisins ; chaque nation croyant que les leurs fussent les seul véritables.

Inde furor vulgi quod numina vicinorum
Odit quisque locus, cum solos credat habendos
Esse deos, quos ipse colit. Juven. Sat. 3.

intolérant, comme on l'a vu arriver au sujet de l'exil de Protestans, & de la persécution des Jansénistes. Le principal crime des premiers étoit de prier Dieu en françois, & celui des seconds de penser sur la matiere de la Grace, comme S. Augustin, dont la doctrine avoit été approuvée par plusieurs Conciles, & regardée par ces mêmes Conciles comme celle de l'Eglise.

Qu'il me soit permis de faire deux Réflexions sur les persécutions qui se sont élevées en France, il y a environ cent cinquante ans. Celles qui ont été faites contre les Protestans portent avec elles toutes les marques de l'iniquité; & pour peu que l'on ait de bonne foi, on ne peut s'empêcher de l'avouer. Il est hors de doute que sans les Protestans la Maison de Bourbon ne seroit point sur le Trône, & que les Catholiques & le Pape y auroient placé les Guises. Voyons quelle a été la conduite des Protestans depuis l'époque de l'avenement de Henri, IV. au Trône. Ils servirent fidelement ce Prince; Sous Louis XIII. son fils, ils défendirent les Places de sureté qu'on leur avoit données; ils se crurent en droit d'agir ainsi. La question de savoir s'ils ont été coupables dans leur conduite, se réduit à décider si lors qu'un Roi a donné des Privileges à ses

Su-

Sujets, & les leur a assurées par les Contracts les plus solemnels, il peut annuler sans raison ces Privileges. Je dis *sans raison*, parceque les Protestans n'avoient donné aucun Sujet à l'enlevement, qui leur fut fait, des places de sureté pour lesquelles ils prirent les armes. C'est ce qu'on peut voir démontré évidemment dans les Mémoires du Duc de Rohan. Lors qu'ils les eurent perdues, ils n'entrerent plus dans aucune intrigue d'Etat. Ils furent pendant les guerres civiles de la minorité de Louis XIV. les plus fideles sujets de ce Prince. Cela est prouvé par un nombre de Lettres de remerciment, écrites à leur Consistoire par le Cardinal Mazarin. Pour récompense d'avoir donné le Trône au grand Pere, d'avoir servi fidelement le petit fils dans sa minorité contre ses sujets Catholiques révoltés, ils furent bannis dans la majorité de ce même petit fils, dans un tems où l'on n'avoit plus rien à crainde d'eux, où ils n'avoient ni Place d'armes, ni grandes charges, & où leur seule occupation étoit d'enrichir l'Etat par le Commerce, qu'ils porterent ailleurs dans leur éxil, dû aux intrigues des Ecclésiastiques & des Jésuites, qui étoient poussés & animés par la Cour de Rome.

La seconde réflexion roule sur la conduite qu'on a tenue à l'égard des premiers Janfénistes: car je ne parle pas du juste chatiment qu'on a fait de quelques Fourbes, qui fous le nom de Convulsionnaires, avoient voulu établir la Secte la plus infensée. J'entends par Janfénistes, les gens qui comme le célebre Arnaud, l'éloquent Pascal, le savant Quênel étoient attachés aux Sentimens de *Janfenius* Evêque d'Ypres, ou plutôt à ceux de S. Augustin; puisque ce Prélat Flamand n'avoit dit que ce qu'avoit dit ce Pere de l'Eglise. On a banni, on a emprisonné plusieurs personnes qui n'avoient fait d'autre crime que de croire à la Doctrine de S. Augustin, parceque l'Eglise avoit décidé que c'étoit la feule bonne. Pour pallier une conduite aussi singuliere & aussi directement opposée à l'infaillibilité des décisions de l'Eglise, il n'y avoit que la feule ressource de dire que la doctrine des Jauséniftes n'étoit pas celle de S. Augustin: fans cela l'Eglise auroit condamné dans un tems ce qu'elle auroit approuvé dans l'autre; & fon infaillibilité eût été ruinée de fond en comble. On a donc eu recours à cette ressource. Mais elle est si mauvaise, qu'elle ne peut tromper que les gens qui veulent s'aveugler eux mêmes, ou qui n'ont pas le fens commun: car l'Eglise a approuvé

prouvé autre fois ce Dogme si souvent répété dans S. Augustin, *quibus omnia cooperantur in malum, ipsa etiam oratio vertitur in peccatum;* & elle condamne actuellement le Pere Quênel comme un hérétique, parcequ'il dit que la priere d'un pécheur est une nouvelle offense, lorsqu'il n'est pas dans l'intention de se convertir. Il faut donc que les Evêques nos Contemporains croyent qu'il n'y a personne qu'eux qui entende le latin, ou qu'on ne lit pas d'avantage aujourd'hui les ouvrages de S. Augustin, que la plûpart de leurs Mandemens.

C'est assez avoir montré que l'intolérance dont les Ecclésiastiques se sont fait dans tous les tems une gloire cruelle, a pû, & même dû engager Julien à vouloir détruire, autant qu'il pouvoit, une Religion qu'il regardoit comme devant être un jour la cruelle persécutrice de celle qu'il avoit embrassée par choix & par goût.

Je reviens actuellement à la traduction de cet ouvrage. J'y ai joint deux différentes sortes de notes; les premieres sont purement grammaticales & regardent le sens du Texte: les secondes servent de réfutation aux reproches mal fondés, que Julien fait quelquefois aux Chrétiens, & montrent la vérité des Dogmes saints qu'il a voulu détruire. La croyance

de ces Dogmes eſt aujourdhui ſi fermement établie, que j'aurois pû à la riguer me diſpenſer de répondre aux objections de Julien; mais j'ai cru qu'il n'étoit pas inutile de montrer aux incrédules modernes, que les anciens n'ont pas raiſonné avec plus de juſteſſe qu'eux. Ils ont également abandonné le chemin de la vérité pour entrer dans celui de l'erreur. Ils ont cherché la clarté dans une philoſophie qui n'a ſervi qu'à les aveugler. „C'eſt un grand „préjugé contre les Philoſophes, *dit l'éloquent* „*Lactance*, que leur philoſophie n'eſt ni la ſa„geſſe ni le moyen de l'acquérir.„ *Maximum argumentum eſt philoſophiam neque ad ſapientiam tendere neque ipſam eſſe ſapientiam.* „Lact. „inſt. lib. 3.„ Le même Lactance, après nous avoir montré le défaut de la philoſophie du ſiecle, nous en apprend l'inutilité pour découvrir la vérité, ſans le ſecours de la grace & de la foi. „La ſcience de la Religion, *dit-il*, „n'a pas beſoin de la Dialectique, parceque la „ſageſſe n'eſt point dans le diſcours, mais dans „le cœur.„ *Dialecticam divina eruditio non deſiderat, quia non in lingua, ſed in corde ſapientia eſt. Lact. inſt. lib. 3.*

Comme Julien s'efforce d'établir le Paganiſme ſur le ſiſtême de Platon, je crois qu'il eſt néceſſaire, pour en faciliter l'intelligence

ligence à ceux de mes Lecteurs, qui pourroient l'ignorer; que j'en place ici un abrégé succint.

Platon admet un Dieu suprême qui crée au commencement de la formation de l'Univers, tous les Etres immortels qui sont les Dieux, les génies, & les ames des hommes. Ces êtres ne sont pas immortels par leur nature, parceque tout ce qui a eu un commencement, doit naturellement avoir une fin; mais ils jouissent de l'immortalité par la volonté & la puissance du Dieu suprême, qui étant également sage, prudent, & bon, ne sauroit permettre la destruction des Etres qu'il a créés. Il s'ensuit de ce principe, que tout ce qui émane directement du Dieu suprême, doit jouir nécessairement de l'immortalité. Il n'en est pas de même des choses qui sont produites par les autres Dieux: elles sont sujettes à la mort, & à la destruction. Voilà la raison pour laquelle le Dieu suprême fait former par les autres Dieux, tous les Etres sujets à la destruction. Il manque, dit-il, en s'adressant à ces Dieux après les avoir créés, *trois genres d'êtres mortels, celui des hommes,* (c'est a dire les Corps,) *celui des bêtes, & celui des plantes. Si quelqu'un de ces différents Etres est créé par moi, il faut qu'il soit absolument & nécessairement*
im-

immortel. Ces trois genres d'Etres furent donc formés par les Dieux subalternes, ou si l'on veut par les Dieux créés.

Le Dieu suprême donna le gouvernement de chaque pays à un Dieu ou génie tutélaire. Il chargea aussi quelques Dieux d'instruire les hommes: Mars présidoit à la guerre, Mercure & Apollon aux sciences &c. C'est sur cette idée de Platon, qu'Origene avoit cru que chaque Planete & que chaque Astre avoit un Ange qui devoit en prendre soin. Il faut donc regarder, selon le sistême de Platon & selon celui de Julien, les Dieux créés comme des Intelligences célestes & immortelles, mais soumises au Dieu suprême qui les a créés. C'est pourquoi Julien se sert souvent du terme d'Ange en parlant des Dieux subalternes. Par exemple, il considere le Dieu qui parla à Abraham, comme un de ces Dieux créés, ou comme un Ange favorisant ce Patriarche, que Julien prétend avoir été un Caldéen de race sacerdotale, attaché à la Religion des Egyptiens dont il avoit pris la circoncision, & qu'il ne regarde pas comme le pere & la premiere Origine des Hé-

Hébreux: c'eſt ce que les Lecteurs verront dans l'ouvrage de cet Empereur.

Je n'ai fait aucune remarque pour réfuter les argumens de Julien en faveur des Dogmes du Paganisme; ç'auroit été vouloir battre en brêche des remparts renverſés de fond en comble depuis quatorze Siecles. Je ne releve donc les erreurs de cet Empereur, que lorsqu'elles regardent directement la Religion chrétienne.

J'ai ajouté dans cette nouvelle édition quelques diſſertations & quelques notes que j'ai crues néceſſaires pour éclaircir les opinions de Julien; elles ſont toutes priſes dans les ouvrages de Platon: j'ai rapporté les endroits des livres de ce philoſophe où elles ſe trouvent, pour qu'on puiſſe plus aiſément les comparer avec les ſentimens de Julien.

J'ai examiné avec aſſez de liberté certaines queſtions, parecque la religion n'ordonne pas de recevoir les dogmes ſans les examiner, mais de ſoumettre ſa foi lorsqu'on ne peut pas les comprendre. C'eſt ce que j'ai fait, & ferai toujours, perſuadé qu'il y a autant d'aveugle-

lement à croire la religion fans la connoître, qu'il y a de fageffe à la profeffer, & à y être attaché avec foumiffion, quand en s'eft convaincu par un examen fenfé, qu'il faut Savoir foumettre fa raifon, après en avoir fait l'ufage pour le quel Dieu nous l'a donnée.

REFLÉXIONS
DE
L'EMPEREUR JULIEN
SUR LES DOGMES
DE LA
RELIGION CHRÉTIENNE.

Tom. I. A

Καλῶς ἔχειν μοι Φαίνεται, τὰς αἰτίας ἐκθέϑαι πᾶσιν ἀνϑρώποις, ὑφ' ὧν ἐπείϑην, ὅτι τῶν Γαλιλαίων ἡ σκευωρία πλάσμα ἐςιν ἀνϑρώπων ὑπὸ κακεργίας συν]εϑέν, ἔχεσα μὲν ἐδὲν ϑεῖον, ἀποχρησαμένη δὲ τῷ Φιλομύϑῳ καὶ παιδαριώδει καὶ ἀνοήτῳ τῆς ψυχῆς μορίῳ, τὴν τερατολογίαν εἰς πίςιν ἤγαγεν ἀληϑείας.

Μέλλων δέ ὑπὲρ τῶν παρ' αὐτοῖς λεγομένων δογμάτων ἁπάντων ποιεῖϑαι τὸν λόγον, ἐκεῖνο βέλομαι πρῶτον εἰπεῖν, ὅτι χρὴ τὰς ἐντυγ-

[1] *Les esprit foibles*, καὶ ἀνοήτῳ τῆς ψυχῆς μορίῳ

Il m'a paru à propos d'expofer à la vue de tout le monde, les raifons que j'ai eues de me perfuader, que la Secte des Galiléens n'eft qu'une fourberie purement humaine, & malicieufement inventée, qui, n'ayant rien de divin, eft pourtant venue à bout de féduire [1] les efprits foibles, & d'abufer de l'affection que les hommes ont pour les fables, en donnant une couleur de verité & de perfuafion à des fictions prodigieufes.

Je parlerai d'abord de tous les differents Dogmes des Chrétiens, afin que, fi quelques uns de ceux, qui liront cet ouvrage, veulent y repondre, ils fuivent la méthode établie dans les

mot à mot, la *partie infenfée de l'ame.*

τυγχάνοντας, εἴπερ ἀντιλέγειν ἐθέλοιεν, ὥσπερ ἐν δικαστηρίῳ, μηδὲν ἔξωθεν πολυπραγμονεῖν, μηδὲ, τὸ λεγόμενον, ἀντικατηγορεῖν, ἕως ἂν ὑπὲρ τῶν πρώτων ἀπολογήσωνται. Ἄμεινον μὲν γὰρ ὅτω καὶ σαφέστερον, ἰδίαν μὲν ἐνστήσασθαι πραγματείαν, ὅταν τι τῶν παρ' ἡμῖν εὐθύνειν θέλωσιν, ἐν οἷς δὲ πρὸς τὰς παρ' ἡμῶν εὐθύνας ἀπολογῶνται, μηδὲν ἀντικατηγορεῖν.

Μικρὸν δὲ ἀναλαβεῖν ἄξιον, ὅθεν ἡμῖν ἥκει καὶ ὅπως ἔννοια Θεῦ τὸ πρῶτον. εἶτα παραθεῖναι τὰ παρὰ τοῖς ἕλλησι, καὶ παρὰ Ἰοῖς Ἑβραίοις ὑπὲρ τῦ θείυ λεγόμενα. καὶ μετὰ τῦτο ἐπανέρεσθαι τὰς ὅτε Ἕλληνας ὅτε Ἰυδαίυς, ἀλλὰ τῆς Γαλιλαίων ὄντας αἱρέσεως, ἀνθ' ὅτυ πρὸ τῶν ἡμετέρων εἵλοντο τὰ παρ' ἐκείνοις, καὶ ἐπὶ τύτῳ τί δή ποτε μηδὲ ἐκείνοις ἐμμένυσι, ἀλλὰ κἀκείνων ἀπο-

les Tribunaux judiciaires; qu'ils n'agitent pas une autre cause, & qu'ils n'aient pas recours à une recrimination, qui ne peut servir à rien, s'ils n'ont auparavant détruit les accusations dont on les charge, & justifié les Dogmes qu'ils soutiennent. En suivant cette maxime, leur deffense, si elle est bonne, en sera plus claire, plus veridique, & plus propre à détruire nos reproches.

Il est d'abord necessaire d'établir, en peu de paroles, d'où nous vient l'idée de Dieu, & quelle est celle que nous devons en avoir. Ensuite nous comparerons la notion qu'en ont les Grecs avec celle des Hebreux: & aprés les avoir éxaminées toutes les deux, nous interrogerons les Galiléens, qui ne pensent ni comme les Grecs ni comme les Hebreux. Nous leur demanderons, sur quoi ils se fondent, pour préférer leurs sentiments aux nôtres, d'autant qu'ils en ont changé souvent, & qu'aprés s'être éloignés

6 REFLEXIONS

ἀποϛάντες ἰδίαν ὁδὸν ἐτράποντο· ὁμολογήσαντες μὲν ὐδὲν τῶν καλῶν, ὐδὲ τῶν σπυδαίων, ὔτε τῶν παρ᾽ ἡμῖν τοῖς Ἕλλησιν, ὔτε τῶν παρὰ τοῖς ἀπὸ Μωσέως Ἑβραίοις· ἀπ᾽ ἀμφοῖν δὲ τάς παραπεπηγυίας τοῖς ἔθνεσιν ὥσπέρ τινας κῆρας δρεπόμενοι, τὴν ἀθεότητα μὲν ἐκ τῆς Ἰυδαϊκῆς ῥᾳδιυργίας, φαῦλον δὲ καὶ ἐπισεσυρμένον βίον ἐκ τῆς παρ᾽ ἡμῖν ῥᾳθυμίας καὶ χυδαιότητος,

τῦτο

² Ils ont embrassé un genre de vie particulier ἀλλά κἀκείνων ἀποϛάντες ἰδίαν ὁδὸν ἐτράποντο, mot à mot: *après avoir quitté ceux là, ils ont couru un autre chemin.*

3 Comment Julien pouvoit-il reprocher la paresse aux Chrétiens, qui servoient fidelement les Empereurs à la guerre, & qui pendant la paix élevoient leurs enfans dans la pureté des moeurs? Sans doute il faut qu'il ait eu ici en vue cette quantité de Moines & de Solitaires, qu'on voyoit deja sous son regne. Qu'auroit-il donc dit, s'il les eut vû aussi multipliés qu'ils l'ont été après lui? Toutes les nations éclairées con-

des premiers, ils ont embrassé un genre de vie [2] différent de celui de tous les autres hommes. Ils prétendent qu'il n'y a rien de bon & d'honnête chez les Grecs & chez les Hebreux, cependant ils se sont appropriés, non les vertus, mais les vices de ces deux Nations. Ils ont puisé chés les Juifs la haine implacable contre toutes les différentes religions des Nations, & le genre de vie infâme & méprisable, qu'ils pratiquent dans la paresse [3] & dans la légereté, ils l'ont pris des

viennent du préjudice que reçoit la société civile, de tant de fainéans qu'elle nourit inutilement; & cependant par une indifférence qui ne peut être assez condamnée, ces mêmes nations ne songent pas à détruire chez elles un abus qui y subsiste depuis si long tems. Que la France & l'Allemagne catholique protegent les bénédictins, les oratoriens les doctrinaires, ce sont des communautés composées par des gens de lettres, utiles également à l'instruction des jeunes gens, & à celle des persones qui dans un âge plus avancé s'appliquent aux sciences: que l'on conserve les chartreux pour fournir une retraite à des persones qui désabusées des er-

τῦτο τὴν ἀρίϛην θεοσέβειαν ὀνομάζεθαι ἠθέλησαν.

Οὐκῦν Ἕλληνες μὲν τὰς μύθας ἔπλασαν ὑπὲρ τῶν θεῶν, ἀπίϛας καὶ τερατώδεις. κατα-

πιεῖν

reurs du monde veulent s'occuper uniquement de leur salut; c'eſt agir avec ſageſſe: mais pourquoi garder un tas de fainéans, & de mendians, qui ayant la craſſe, & l'impudence des anciens cyniques, n'en ont ni l'eſprit ni les connoiſſances. Laiſſons aux Portugais, les Capucins, „les Cordeliers, les Obſervantins, les Pique-„puces, les Trinitaires, les Maturins, les Domini-„cains; les grands Carmes, les Carmes déchauſſés„ les Peres de St. Pierre, les Recolets; & tant d'autres ordres dont la ſeule connoiſſance du nom demande vne étude particuliere, & dont le nombre des membres qui les compoſent formeroit dans l'Amérique une colonie plus nombreuſe qu'aucune de celles des Anglois, ſi l'on y joignoit les trois quarts de nos religieuſes, & qu'on ne conſervât que celles qui ont librement embraſſé leur état, & qui n'ont pas été forcées à le prendre par la barbarie de leurs parens.

des Grecs. C'eſt là ce qu'ils regardent comme le véritable culte de la Divinité.

Il faut convenir que, parmi le bas peuple, les Grecs ont cru & inventé des fables ridicules, même monſtrueuſes. Ces hommes ſimples & vulgaires ont dit, que Saturne ayant dévoré ſes enfans les avoit vomis enſuite; que

---

Rien ne révolte autant les proteſtans contre la religion catholique que ce nombre immenſe de filles, qui ſont condamnées presque dès le moment de leur naiſſance à une priſon perpétuelle, ſans avoir commis aucun crime. Une coutume auſſi cruelle eſt plus condamnable que l'uſage d'expoſer les enfans, établi chez les grécs. Il eſt cent fois moins barbare d'oter la vie à un enfant en naiſſant, qui n'en a encore aucune connoiſſance, que de la lui laiſſer pour lui en faire un ſuplice éternel. Montaigne à eu raiſon de dire, *il y a plus de cruauté à manger un homme vivant qu'à le manger mort.* Que le Portugal conſerve les moines, que la Ruſſie en ſoit remplie, & qu'elle les honore; je n'en ſuis pas ſurpris: mais qu'il y ait en France quarante mille moines, ſans compter quatre mille Jéſuites qu'on a congédiés, c'eſt ce que je ne puis comprendre.

πιεῖν γὰρ ἔφασαν τὸν Κρόνον τὰς παῖδας, εἶτ᾽ αὖθις ἐμέσαι. καὶ γάμους ἤδη παρανόμους· μητρὶ γὰρ ὁ Ζεὺς ἐμίχθη, καὶ παιδοποιησάμενος ἐξ αὐτῆς, ἔγημεν αὐτὸς τὴν αὑτοῦ θυγατέρα, ἀλλὰ μιχθεὶς ἁπλῶς, ἄλλῳ παραδέδωκεν αὐτήν. εἶτα οἱ Διονύσου σπαραγμοί, καὶ μελῶν κολλήσεις. τοιαῦτα οἱ μῦθοι τῶν Ἑλλήνων φασί.

Ἐνταῦθα παραβάλωμεν, εἰ βούλεσθε, τὰ τοῦ Πλάτωνος. τί τοίνυν οὗτος ὑπὲρ τοῦ δημιουργοῦ λέγει, καὶ τίνας περιτίθησιν αὐτῷ φωνὰς ἐν τῇ κοσμογονίᾳ, σκόπησον· ἵνα τὴν Πλάτωνος καὶ Μωσέως κοσμογονίαν ἀντιπαραβάλωμεν ἀλλήλαις. οὕτω γὰρ ἂν φανείη, τίς ὁ κρείττων, καὶ τίς ἄξιος τοῦ Θεοῦ μᾶλλον· ἆρ᾽ ὁ τοῖς εἰδώλοις

λελα-

---

4 J'ai ajoûté cela au Texte pour lier le sens, qui paroit ici un peu interrompu.

5 Je ne tranſcris pas ce que dit Platon; cette note deviendroit inutile, parce que Julien rapporte lui-même

DE L'EMPEREUR JULIEN. 11

que Jupiter avoit eu un comerce inceſtueux avec ſa mere, de la quelle il avoit eu des enfans, & qu'il avoit épouſé ſa propre fille. A ces contes abſurdes on ajoûte ceux du demémbrement de Bacchus, & du replacement de ſes membres. Ces fables ſont répandues parmi le bas peuple; mais voyons comment penſent les gens éclairés. *4 Examinons ce qu'ont dit les Légiſlateurs & les Philoſophes.*

Conſidérons *5* ce que Platon écrit de Dieu & de ſon eſſence; & faiſons attention à la maniere dont il s'exprime lors qu'il parle de la création du monde, & de l'Etre ſuprême qui l'a formé. Oppoſons enſuite ce Philoſophe Grec à Moïſe, & voyons qui des deux a parlé de Dieu avec plus de grandeur & de dignité. Nous découvrirons alors aiſément

quel

à la fin de cet Article, ce paſſage qui auroit dû naturellement être placé ici, mais que l'Auteur a cru devoir mettre plus bas.

λελατρευκὼς Πλάτων, ἢ περὶ ὖ Φησὶν ἡ γραφὴ, ὅτι ςόμα πρὸς ςόμα ὁ Θεὸς ἐλάλησεν αὐτῷ. ἐν ἀρχῇ ἐποίησεν ὁ Θεὸς τὸν ὐρανὸν κὴ τὴν γῆν· ἡ δὲ γῆ ἦν ἀόρατος κὴ ἀκατασκεύαςος, κὴ σκότος ἐπάνω τῆς ἀβύσσυ, καὶ πνεῦμα Θεῦ ἐπεφέρετο ἐπάνω τῦ ὕδατος. κὴ εἶπεν ὁ Θεὸς, γενη-

6 Les difficultés qui se trouvent dans le récit que Moïse fait de la création du monde, & qu'on ne sçauroit résoudre, ont engagé plusieurs peres de l'église & quelques sçavans juifs à soutenir, que le monde à été créé, tel qu'il est aujourdhui, dans un instant, & que Moïse n'a fait la distinction des journées que pour s'accommoder à la foiblesse du peuple juif, qui sortant de la captivité d'Egypte n'eût pu comprendre un mistère aussi grand & aussi surprenant, si l'on ne l'eût mis à la portée des esprits les plus simples. L'on peut aisément comprendre le dessein de Moïse qui après avoir énuméré séparément les choses qui furent créées dans six jours, les réduit ensuite à une seule journée, ou plustoft à un seul instant, lorsqu'il dit: *en ce jour Dieu fit le ciel, la terre, & l'herbe des champs* &c. St. Augustin dans la cité de Dieu lib. 2. chap. 6. soutient cette opinion, & philon auteur très habile dans la loi Judaïque est du même sentiment dans son premier livre des allégories; d'un autre côté un grand nombre de do-

quel est celui qui mérite le plus d'être admiré, & de parler de l'Etre suprême; ou Platon qui admit les Temples & les simulacres des Dieux, ou Moïse qui, selon l'Ecriture, conversoit face à face & familierement avec Dieu. *Au commencement* [6], dit cet Hebreux [7], *Dieu*

... teurs soit anciens soit modernes, veulent qu'on croye la création comme elle est marquée dans la Genese. Ils disent qu'on ne doit point chercher à donner des explications aux choses qui sont deja clairement expliquées. Qu'il n'étoit pas plus difficile aux juifs de croire que Dieu avoit fait le monde dans un jour que dans six; que si l'on vouloit donner des explications sur le sens littéral de la création, il faudroit en donner de même sur le serpent, sur l'arbre de vie, sur le paradis terrestre, sur le déluge, & sur presque touts les traits historiques rapportés par la bible, tels que ceux de l'ânesse de balaam, du soleil arrêté par Josué, (évenemens dont les annales de toutes les nations auroient dû parler,) enfin des murailles de Jérico, tombant en ruine au son des trompetes.

La dispute sur le tems employé par Dieu à la création, ne faisant rien au fond de la religion, chacun peut embrasser le sentiment qui lui paroît le plus probable: mais il ne faut faire aucune attention à ce que soutien-

γενηθήτω φῶς, κὴ ἐγένετο φῶς. καὶ εἶδεν ὁ Θεὸς τὸ φῶς, ὅτι καλόν. καὶ διεχώρισεν ὁ Θεὸς ἀνὰ

nent les incrédules, qui difent pour détruire ce que rapporte Moïfe: Io. que fi les ténèbres étoient lors de la création fur la furface de l'abîme, Dieu n'avoit donc créé ni les ténèbres ni l'abîme (c'eft l'objection de Julien.) IIo. Qu'il n'eft point dit dans l'écriture que l'Efprit de Dieu fut porté fur les eaux, & que les traducteurs ont mal rendu le texte hébreux, qui dit fimplement qu'un grand vent étoit fur les eaux : car les mots.

וְרוּחַ אֱלֹהִים *verova eloim* qu'on traduit par *l'Efprit de Dieu*, fignifient un grand vent : רוּחַ veut dire également *vent* & *Efprit* : eloim peut de même fignifier *grand* qui vient de Dieu. Et il eft bien plus naturel d'admettre un grand vent qui foufloit fur les eaux que d'y faire porter & furnager l'Efprit de Dieu. D'ailleurs ce qui fuit marque que Moïfe a entendu parler du vent; car le mot מְרַחֶפֶת *merachephet* fignifie proprement *fe mouvoit* où *étoit mu*, faifoit un tourbillon comme un oifeau qui vole au tour de fon nid : ainfi quand je veux dire un oifeau qui fe met fur fon nid je dis :

zivor rochaph al kino
צִפּוֹר רוֹחֵף עַל קִנּוֹ

Il eft donc plus naturel de faire tourbilloner fur les eaux les vents que l'Efprit de Dieu. IIIo. Les incre-

DE L'EMPEREUR JULIEN.

Dieu fit le Ciel & la Terre; la Terre étoit vuide & fans forme, & les ténebres étoient fur la

dules foutiennent qu'il ne put y avoir de lumiere avant la création du foleil, & que par conféquent Dieu ne put pas voir fi elle étoit bonne, & la féparer en fuite des ténebres: ils ajoutent qu'il étoit impoffible qu'il y eût un foir & qu'il y eût un matin, le foleil n'étant pas encor créé. IVo. Selon les mêmes critiques, Moïfe étoit un mauvais phyficien, parcequ'il regardoit la lune comme un luminaire femblable au foleil, la lune étant une planete opaque comme la terre. Vo. Ils difent que s'il faut en croire Moïfe, Dieu créa l'univers à l'aventure & fans fçavoir fi ce qu'il faifoit étoit bon ou mauvais; puisque Moïfe á chaque chofe que Dieu crée repete toujours „& Dieu vit que cela étoit bon„ וַיַּרְא אֱלֹהִים כִּי טוֹב *vaiar eloim kitob,* καὶ εἶδεν ὁ Θεὸς, ὅτι καλὸν, *& vidit Deus, quod effet bonum.* Dieu ne fçavoit donc pas avant d'avoir vu ces chofes, fi elles feroient bonnes ou mauvaifes. Ce font toutes ces difficultés que forment encore aujourdhui les incrédules, qui obligerent autre fois les juifs à ne permettre la lecture des trois premiers chapitres de la Genefe qu'aux perfones qui avoient paffé l'âge de trente ans. Les théologiens de la cour de Rome contre les quels les proteftans fe font élevés avec tant de violence, ont fagement interdit la lecture de la bible à ceux à qui elle

ἀνὰ μέσον τῦ φωτὸς, κ᾽ ἀνὰ μέσον τῦ σκότυς, κỳ ἐκάλεσεν ὁ Θεὸς τὸ φῶς ἡμέραν, κỳ τὸ σκότος ἐκάλεσε νύκτα. κ᾽ ἐγένετο ἑσπέρα, κỳ ἐγένετο πρωΐ, ἡμέρα μία. κỳ εἶπεν ὁ Θεὸς, γενηθήτω ϛερέωμα ἐν μέσῳ τῦ ὕδατος· κỳ ἐκάλεσεν ὁ Θεὸς τὸ ϛερέωμα ὐρανόν. Κỳ εἶπεν ὁ Θεὸς, συναχθήτω τὸ ὕδωρ τὸ ὑποκάτω τῦ ὐρανῦ εἰς συναγωγὴν μίαν, κỳ ὀφθήτω

n'étoit pas accordée par une permiſſion expreſſe. Cette défenſe eſt plus ſage que bien des gens ne le penſent, & ſi l'on conſidère que preſque toutes les héréſies ſont des opinions puiſées dans la bible, & expliquées différemment, l'on conviendra qu'il y a bien du risque pour la tranquillité de la ſociété de mettre dans les mains de tous les tailleurs, de tous les cordoniers, &c. La bible, & de les rendre les juges de la maniere dont elle doit être interprétée: car ſelon les proteſtans la parole de Dieu eſt à la portée de tous les hommes, & c'eſt priver l'ame du pain de vie qui la nourit, que de lui interdire la lecture des écritures: mais puiſque l'expérience nous montre que cette écriture a été tant de fois nuiſible à pluſieurs perſones qui en l'expliquant mal, ſont tombées dans des erreurs qui ont non ſeulement nui à la ſociété, mais qui l'ont bouleverſée pendant

la surface de l'abime ; & l'Esprit de Dieu étoit porté sur la surface des Eaux. Et Dieu dit que la lumiere soit, & la lumiere fut ; Et Dieu vit que la lumiere étoit bonne ; Et Dieu sépara la lumiere des tenebres : Et Dieu apella la Lumiere jour, & il appella les tenebres la nuit. Ainsi fut le soir, ainsi fut le matin ; ce fut le premier jour. Et Dieu dit qu'il y ait un

des siecles entiers. Pourquoi ne pas faire interpréter par des personnes instruites les choses obscures qui se trouvent dans la bible ? On doit n'en parler au peuple qu'autant qu'il convient de le faire, pour qu'il sache précisément ce qu'il doit sçavoir, & qu'il ignore ce qui peut où l'égarer, où le scandaliser.

Quelqu'un demandera peut-être ce que nous pensons sur toutes ces difficultés : nous répondrons que sans chercher à vouloir les résoudre, nous soumettons notre foi ; nous croyons ce que l'église a décidé, & nous disons avec St. Augustin, qu'il est de certaines choses où notre ésprit connoit la matiere de ces choses en les ignorant, & l'ignore lorsqu'il veut la pénétrer ; *humanam cogitationem, materiam ignorando nosse, & cognoscendo ignorare,* lib. 12. con. cap. 3.

7 Genese, Chap. I. v. 1. & suivans.

τω ἡ ξηρὰ, καὶ ἐγένετο ὅτως. καὶ εἶπεν ὁ Θεός· βλαςησάτω ἡ γῆ βοτάνην χόρτε, καὶ ξύλον κάρπιμον. καὶ εἶπεν ὁ Θεός· γενηθήτωσαν φωςῆρες ἐν τῷ ςερεώματι τῦ ὀρανῦ, ἵνα ὦσιν εἰς φαῦσιν ἐπὶ τῆς γῆς· καὶ ἔθετο αὐτὸς ὁ Θεὸς ἐν τῷ ςερεώματι τῦ ὀρανῦ, ὥστε φαίνειν ἐπὶ τῆς γῆς, καὶ ἄρχειν τῆς ἡμέρας καὶ τῆς νυκτός.

Ἐν δὴ τύτοις, ὄτε τὴν ἄβυσσόν φησι πεποιῆσθαι ὑπὸ τῦ Θεῦ, ὄτε τὸ σκότος, ὄτε τὸ ὕδωρ. καίτοι χρῆν δήπωθεν εἰπόντα περὶ τῦ φωτὸς, ὅτι προςάξαντος Θεῦ γέγονεν, εἰπεῖν ἔτι καὶ περὶ τῆς νυκτὸς, καὶ περὶ τῆς ἀβύσσυ, καὶ περὶ τῦ ὕδατος. Ὁ δὲ ὀδέν εἶπεν ὡς περὶ γεγονότων

ὅλως,

un firmament au milieu des Eaux; & Dieu nomma le Firmament le Ciel: & Dieu dit que l'eau, qui est sous le Ciel, se rassemble ensemble afin que le sec paroisse; & cela fut fait. Et Dieu dit que la Terre porte l'herbe & les Arbres. Et Dieu dit qu'il se fasse deux grands luminaires dans l'étendue des Cieux pour éclairer le Ciel & la Terre. Et Dieu les plaça dans le firmament du Ciel, pour luire sur la terre, & pour faire la nuit & le jour.

Remarquons d'abord que dans toute cette narration Moyse ne dit pas, que l'abîme ait été produit par Dieu: il garde le même silence sur l'eau & sur les tenebres; mais pourquoi, ayant écrit que la lumiere avoit été produite par Dieu, ne s'est-il pas expliqué de même sur les tenebres, sur l'eau & sur l'abîme? Au contraire il paroit les regarder comme des Etres pré-existans, & ne fait aucune mention de leur création. De même il ne dit pas un mot des Anges; dans toute la rela-

ὅλως, καίτοι πολλάκις μνηϑεὶς αὐτῶν. Πρὸς τύτοις ὅτε τῆς τῶν ἀγγέλων μέμνηται γενέσεως, ἢ ποιήσεως, ὐδ᾽ ὅντινα τρόπον παρήχϑησαν, ἀλλὰ τῶν περὶ τὸν ὐρανὸν μόνον καὶ περὶ τὴν γῆν σωμάτων, ὡς εἶναι τὸν Θεόν, κατὰ τὸν Μωσέα, ἀσωμάτων μὲν ὐδενὸς ποιητὴν, ὕλης δὲ ὑποκειμένης κοσμήτορα· τὸ δὲ, ἡ γῆ ἦν ἀόρα-

a Genese, Chap. I. *Terra erat desolata & vacua*, Texte Caldéen. *Et terra erat inanitas & solitudo*, Texte hebreux. Ἡ δὲ γῆ ἦν ἀόρατος καὶ ἀκατασκεύασος. Texte des Septante. *Terra autem erat inanis & vacua*, Texte de la vulgate. *Et la terre étoit sans forme & vuide*, „Traduction de Martin.„ Il est certain que si la foi ne nous instruisoit pas de la création de la matiere, il paroitroit par ces différents Textes que Dieu ne fit que lui donner son arrangement. On ne peut nier si l'on veut parler de bonne foi que le mot בָּרָא *bara*, ne signifie point créer, tirer du

relation de la création il n'en est fait aucune mention. On ne peut rien apprendre qui nous instruise, quand, comment, de quelle maniere, & pourquoi ils ont été créés. Moyse parle cependant amplement de la formation de tous les Etres corporels, qui sont contenus dans le Ciel & sur la Terre; ensorte qu'il semble que cet Hébreu ait cru, que Dieu n'avoit créé aucun Etre incorporel, mais qu'il avoit seulement arrangé la matiere qui lui étoit assujettie. Cela paroit évident par ce qu'il dit de la Terre. [8] *Et la Terre étoit*

néant, mais il veut dire faire une chose avec magnificence, luis donner un bel arrangement. Parmi tous les interpretes qui ont expliqué le véritable sens de ce terme hébreux, il me paroit qu'il n'en est point qui ait fait une remarque plus judicieuse que le Jésuite Mariana qu'on convient avoir été très instruit dans la langue hébraïque, & très versé dans la lecture des plus anciens rabins: il dit qu'il est impossible que les juifs ni les grecs aient pu employer les termes ברא bara & ποιέω pour exprimer la création de la matiere tirée du néant, puis qu'elle leur étoit tout à fait inconnue. En

ἀόρατος καὶ ἀκατασκεύαςος, ἐδὲν ἕτερόν ἐςιν, ἢ τὴν μὲν ὑγρὰν καὶ ξηρὰν ἐσίαν ὕλην ποιȣ̃ν-

effet on ne trouve l'idée d'une pareille création que dans les rabins, qui ont vécu après la déstruction de Jerufalem. L'opinion du Jéfuite Mariana à été adoptée par le pere Richard Simon, prêtre de la congrégation de l'oratoire. Ainfi en rapportant le fentiment de l'un on expofe également celui de l'autre. „Les fco„lies, *dit le Pere Simon*, ou les notes de Mariana fur „le vieux teftament, peuvent auffi être très utiles pour „l'intelligence du fens littéral de l'écriture, par ce „qu'il s'eft apliqué principalement à trouver la fignifi„cation des mots hébreux: c'eft ainfi qu'au commence„ment de fa genefe il à remarqué judicieufement que „le verbe hébreux *bara* qu'on traduit ordinairement „par *créer* ne fignifie point felon fa propre fignification „*faire de rien*, comme on le croit ordinairement, & „que même les auteurs grecs & latins qui ont inventé „le mot créer en leur langue, n'ont pu lui attacher ce „fens, d'autant que ce que l'on apelle à préfent créa„tion, où production de rien leur à été inconnu. Hift. „critiq. du vieux teftament par le P. Richard Simon, „liv. III. chap. 12. pag. 426.„ Le chevalier *Leigh* fçavant anglois remarque dans fon dictionnaire de la langue fainte que le mot bara fignifie fimplement faire quelque chofe avec magnificence. Il faudroit donc traduire ainfi littéralement le premier verfet de la bible

étoit *vuide & sans forme.* On comprend aisément que Moyse a voulu dire, que la matiere

בְּרֵאשִׁית בָּרָא אֱלֹהִים אֵת הַשָּׁמַיִם וְאֵת הָאָרֶץ: וְהָאָרֶץ הָיְתָה תֹהוּ וָבֹהוּ

berechit bara eloim & achamaim wet aarech, wet aarech aita toov waboov. „ Au commencement dieu arrangea „ avec magnificence les cieux, & la terre étoit aride „ & difforme. „ Oleaster s'est conformé à peu de chose près à cette traduction: car il dit: *au commencement dieu divisa le ciel & la terre.* Ce qui paroit montrer clairement qu'il ne fit qu'arranger le cahos, & diviser ce qui étoit mêlé & confondu. Quelques autres critiques, au nombre des quels sont Vatable, Grotius & plusieurs Rabins, voudroient, dit le Pere Calmet, que l'on traduisît, avant que dieu formât le ciel & la terre, la terre étoit informe. Mais cette traduction est contraire à la foi, en favorisant l'opinion qui soutient l'éternité de la matiere. Comment. litter. sur les livres de l'anc. & nouv. testament &c. pag. 2. tom. 1. Le Pere Calmet convient cependant lui-même que le terme *bara* signifie, donner la forme à quelque chose, il est vrai qu'il ajoute qu'il veut aussi dire créer, tirer du néant. Mais sur quoi fonde-t-il cette derniere signification? Si c'est sur la décision de l'église & par conséquent sur la foi, il à raison; mais si c'est sur une autre autorité, il n'en sçauroit alléguer aucune: car il est certain qu'avant la ruine de Jérusalem l'opinion qui admet la matiere

ποιῦντος, κοσμήτορα δὲ αὐτῆς τὸν Θεὸν εἰσάγοντος.

Ἐν δὲ ἑνὶ παραβάλωμεν μόνον· τίνα καὶ ποδαπὴν ποιεῖται δημιεργίαν ὁ Θεὸς ὁ παρὰ Μωσῇ,

tirée du néant étoit inconnue également aux hébreux & aux grecs; & tous les philosophes se réunissoient sur ce point *ex nihilo fit nil.* De rien on ne peut rien faire. Ils établissoient même que cela ne pouvoit avoir lieu par la puissance de Dieu.

Nullam rem e nihilo gigni divinitus unquam. Lucret. de rer. natur. lib. 1. Il faut donc recourir à la décision de l'église pour admettre la création tirée du néant; & cette décision doit être pour un chrétien un oracle qu'il ne sçauroit rejetter sans cesser de l'être. Il ne s'agit donc pas lorsqu'on examine la signification du mot *bara*, de sçavoir qu'elle est la véritable, car la foi nous l'aprend; mais de connoître qu'elle est celle que lui ont donnée les anciens hébreux & les grecs: or la religion n'interdit point cet examen, par ce que cette recherche est une pure question d'érudition: car l'on n'est pas plus en droit de rejetter actuellement la décision de l'Eglise sur la création de la matiere, que celles qui sont reçues unaniment & de tout tems. Il en est des décisions de l'Eglise ainsi que des miracles de l'Evangile: ou il faut n'en rejetter aucun, ou il faut les rejetter tous: c'est ce qu'objecte St. Augustin aux

tiere étoit une substance humide, informe & éternelle qui avoit été arrangée par Dieu.

Comparons la différence des raisons, pour les quelles le Dieu de Platon & le Dieu de Moyse

païens, qui se moquoient de l'histoire de Jonas qui avoit vécu dans l'estomac d'une baleine sans y être digéré; ce grand saint, pour leur prouver la possibilité de ce miracle, leur cite l'exemple des trois enfans qui resterent sans recevoir aucun domage dans une fournaise ardente. *Sed habent re vera quod non credant in divino miraculo, vaporem ventris, quo cibi madescunt potuisse ita temperari, vt vitam hominis conservaret! Quanto incredibilius ergo proponerent tres viros illos, ab impio rege in caminum missos deambulasse in medio ignis illæsos: quapropter si nulla isti diuina miracula volunt credere, alia disputatione refellendi sunt: neque enim debent vnum aliquod tamquam incredibile proponere, & in quæstionem vocare; sed omnia quæ vel talia, vel etiam mirabilia narrantur.* August. Epist. XLIX. pag. 208. Voilà ce qu'il faut appliquer, dans la suite de cet ouvrage, à tous les miracles dont nous ferons mention, & qui sont rejettés, comme blessant la raison, par les incrédules: *ou croyés les, ou n'en croyés aucun, & alors cessés donc d'oser prendre le nom de chrétien que vous ne mérités point.*

Μωσῆ, καὶ ποδαπὴν ὁ παρὰ Πλάτωνι. καὶ εἶπεν ὁ Θεός· ποιήσωμεν ἄνθρωπον κατ' εἰκόνα ἡμετέραν καὶ καθ' ὁμοίωσιν, καὶ ἀρχέτωσαν τῶν ἰχθύων τῆς θαλάσσης, καὶ τῶν πετεινῶν τȣ̃ ȣ̓ρανȣ̃, καὶ τῶν κ]ηνῶν, καὶ πάσης τῆς γῆς, καὶ πάντων τῶν ἑρπε]ῶν τῶν ἑρπόν]ων ἐπὶ τῆς γῆς. καὶ ἐποίησεν ὁ Θεὸς τὸν ἄνθρωπον, κατ' εἰκόνα Θεȣ̃ ἐποίησεν αὐτὸν, ἄρσεν καὶ θῆλυ ἐποίησεν αὐτȣ̀ς, λέγων· αὐξάνεθε, καὶ πληθύνεθε, καὶ πληρώσατε τὴν γῆν, καὶ κατακυριεύσατε αὐτῆς, καὶ ἄρχετε τῶν ἰχθύων τῆς θαλάσσης, καὶ τῶν πετεινῶν τȣ̃ ȣ̓ρανȣ̃, καὶ πάντων τῶν κ]ηνῶν, καὶ πάσης τῆς γῆς. Ἄκȣε δὴ ȣ̓̃ν καὶ τῆς Πλατωνικῆς δημηγορίας, ἣν τῷ τῶν ὅλων περιτίθησι δημιȣργῷ. θεοὶ θεῶν, ὧν ἐγὼ δημιȣργὸς, πατήρ τε ἔργων. ἄλυτα ἔσαι ἐμȣ̃

Moyſe ont créé le monde. [9] *Dieu dit ſelon Moyſe, faiſons l' homme à nôtre image & à nôtre reſſemblance, pour qu'il domine ſur les poiſſons de la Mer & ſur les oiſeaux des Cieux, & ſur les bêtes, & ſur toute la Terre, & ſur les reptiles qui rampent ſur la Terre. Et Dieu fit l' homme à ſon image, & il les créa mâle & femelle, & il leur dit; croiſſés, multipliés, rempliſſés la Terre, commandés aux poiſſons de la Mer, aux volatiles des Cieux, à toutes les bêtes, à tous les beſtiaux, & à toute la Terre.* Entendons actuellement parler le Créateur de l' Univers par la bouche de Platon. Voyons les discours que lui prête ce philoſophe. „Dieux! moi qui ſuis vôtre Créateur & ce„lui de tous les Etres, je vous annonce, que „les choſes que j'ai créées ne périront pas, „parceque les ayant produites je veux qu'el„les ſoient éternelles. Il eſt vrai que toutes „les

---

[9] Geneſe, Chap. I. v. 26.

ἐμῦ γε θέλοντος. τὸ μὲν δὴ δεθὲν πᾶν, λυτόν. τόγε μὴν καλῶς ἁρμοσθὲν, καὶ ἔχον εὖ, λύειν ἐθέλειν, κακῦ. διὸ, ἐπείπερ γεγένησθε, ἀθάνατοι μὲν ὐκ ἐςὲ, ὐδὲ ἄλυτοι τὸ πάμπαν· ὅτι μὴν γε λυθήσεσθε, ὐδέ τεύξεσθε θανάτυ μοίρας, τῆς ἐμῆς βυλήσεως μείζονος ἔτι δεσμῦ καὶ κυριωτέρυ λαχόντες ἐκείνων, οἷς, ὅτε ἐγίγνεσθε, ξυνεδεῖσθε. Νῦν ὖν, ὃ λέγω πρὸς ὑμᾶς ἐνδεικνύμενος, μάθετε. θνητὰ ἔτι γένη λοιπὰ τρία ἀγένητα, τύτων δὲ μὴ γενομένων, ὐρανὸς ἀτελὴς ἔςαι. τὰ γὰρ πάντα ἐν αὐτῷ γένη, ζωὴν ὐχ ἕξει. ὑπ᾽ ἐμῦ δὲ ταῦτα γενόμενα, καὶ βίυ μετασχόντα, θεοῖς ἰσάζοιντο ἄν. ἵν᾽ ὖν θνητά τε ᾖ, τό τε πᾶν τόδε ὄντως ἅπαν ᾖ, τρέπεσθε

„les choses construites peuvent être détruites ;
„cependant il n'est pas dans l'ordre de la
„justice de détruire, ce qui a été produit par
„la raison. Ainsi quoique vous ayés été
„créés immortels, vous ne l'êtes pas invinci-
„blement & necessairement par votre nature,
„mais vous l'êtes par ma volonté. Vous ne
„périrés donc jamais, & la mort ne pourra
„rien sur vous ; car ma volonté est infini-
„ment plus puissante pour vôtre éternité que
„la nature, & les qualités que vous reçutes
„lors de vôtre formation. Apprenés donc
„ce que je vais vous découvrir. Il nous
„reste trois différents genres d'Etres mortels.
„Si nous les oublions, ou que nous en omet-
„tions quelqu'un, la perfection de l'Univers
„n'aura pas lieu, & tous les différens genres
„d'Etres, qui sont dans l'arrangement du mon-
„de, ne seront pas animés. Si je les crée
„avec l'avantage d'être doués de la vie, alors

il

ᾧε καϒὰ φύσιν ὑμεῖςἐπὶ τὴν τῶν ζώων δημι-
ꭒργίαν, μιμꭒ́μενοι τὴν ἐμὴν δύναμιν περὶ τὴν
ὑμετέραν γένεσιν· καὶ καθότον μὲν αὐτοῖς
ἀθανάτοις ὁμωνύμως εἶναι προσήκει, θεῖον λεγόμενον, ἡγεμονꭒ̃ν τε ἐν αὐτοῖς τῶν ἀεὶ δίκῃ
καὶ ὑμῖν ἐθελόντων ἕπεϑαι, σπείρας καὶ ὑπαρξάμενος ἐγὼ παραδώσω. τὸ δὲ λοιπὸν ὑμεῖς,
ἀθανάτῳ θνηϒὸν προσυφαίνοντες, ἀπεργάζεϑε
ζῶα καὶ γεννᾶτε, τροφήν τε διδόντες αὐξάνετε,
καὶ φθίνοντα πάλιν δέχεϑε.

Ἀλλ' ἄρα μὴ τꭒ̃το ὄναρ ἐϛὶν, ἐννοήσαντες
αὐτὸ, μάθετε. Θεꭒ̀ς ὀνομάζει Πλάτων τꭒ̀ς
ἐμφανεῖς, ἥλιον, καὶ σελήνην, ἄϛρα, καὶ ὐρανὸν, ἀλλ' ἤτοι τῶν ἀφανῶν εἰσὶν εἰκόνες· ὁ

φαινό-

[10] Parceque, felon Platon, le Dieu fuprême ne peut rien créer ni former, qui ne foit nécefſairement im-

„¹⁰ ils feront néceſſairement égaux aux Dieux. „Afin donc que les Etres d'une condition „mortelle ſoient engendrés, & cet univers „rendu parfait, recevés, pour vôtre partage, „le droit d'engendrer des Créatures, imités „dès vôtre naiſſance la force de mon pouvoir. „L'eſſence immortelle, que vous avés reçue, „ne ſera jamais altérée lorsqu' à cette eſ- „ſence vous ajouterés une partie mortelle; „produiſés des Créatures, engendrés, nour- „riſſés - vous d'alimens, & réparés les per- „tes de cette partie animale & mortelle. „

Conſidérons ſi ce que dit ici Platon doit être traité de ſonge & de viſion. Ce Philoſophe nomme des Dieux que nous pouvons voir, le ſoleil, la Lune, les Aſtres & les Cieux: mais toutes ces choſes ne ſont que les ſimulacres d'Etres immortels, que nous ne

ſau-

---

mortel. Julien expliquera bientôt l'opinion de ce Philoſophe.

Φαινόμενος τοῖς ὀφθαλμοῖς ἥλιος, τῷ νοητῷ καὶ μὴ φαινομένῳ· καὶ πάλιν, ἡ φαινομένη τοῖς ὀφθαλμοῖς ἡμῶν σελήνη, καὶ τῶν ἄςρων ἕκαςον, εἰκόνες εἰσὶ τῶν νοητῶν. Ἐκείνας ἂν τὰς ἀφανεῖς Θεὰς, ἐνυπάρχοντας, καὶ συνυπάρχοντας, καὶ ἐξ αὐτῷ τῷ δημιεργῷ γεννηθέντας καὶ προελθόντας, ὁ Πλάτων οἶδεν. εἰκότως ἂν φησὶν ὁ δημιεργὸς ὁ παρ' αὐτῷ, θεοί, πρὸς τὰς ἀφανεῖς λέγων, Θεῶν, τῶν ἐμφανῶν δηλονότι. κοινὸς δὲ ἀμφοτέρων δημιεργὸς ἀυτός ἐςιν, ὁ τεχνησάμενος ἐρανὸν, καὶ γῆν, καὶ θάλαωταν, καὶ ἄςρα γεννήσας ἐν τοῖς νοητοῖς, τὰ τέτων ἀρχέτυπα. Σκόπει ἂν ὅτι καὶ τὰ ἐπὶ τέτοις καλῶς.

Λείπει γὰρ, φησὶ, τρία θνητὰ γένη, δηλονότι τὸ τῶν ἀνθρώπων, καὶ τὸ τῶν ζώων, καὶ τὸ

faurions appercevoir. Lorsque nous considérons le soleil, nous regardons l'image d'une chose intelligible & que nous ne pourrons découvrir: il en est de même quand nous jettons les yeux sur la lune ou sur quelque autre astre. Tous ces corps matériels ne sont que les simulacres des Etres, que nous ne pouvons concevoir que par l'esprit. Platon a donc parfaitement connu tous ces Dieux invisibles, qui existent par le Dieu & dans le Dieu suprême, & qui ont été faits & engendrés par lui; le Créateur du Ciel, de la Terre, & de la Mer, étant aussi celui des Astres, qui nous représentent les Dieux invisibles, dont ils sont les simulacres.

Remarquons avec quelle sagesse s'explique Platon dans la création des Etres mortels. *Il manque*, dit-il, *trois genres d'Etres mortels; celui des hommes, des bêtes & des plantes*, (car ces trois espèces sont séparées par leurs différentes essences.) *Si quelqu'un de ces genres*

τὸ τῶν φυτῶν. τύτων γὰρ ἕκασον ἰδίοις ὥρισαι λόγοις. Ἐι μὲν ἂν, φησὶ, καὶ τύτων ἕκασον ὑπ᾽ ἐμᾶ γένοιτο, παντάπασιν ἀναγκαῖον, ἀθάνατον αὐτὸ γενέσθαι. καὶ γὰρ τοῖς θεοῖς ἐδὲν ἄλλο τῆς ἀθανασίας αἴτιον, καὶ τῷ φαινομένῳ κόσμῳ, ἢ τὸ ὑπὸ τᾶ δημιεργᾶ γενέσθαι. Τί ἂν, φησὶν, ὁπόσον ἐςὶν ἀθάνατον, ἀναγκαῖόν ἐςιν ἐν τύτοις ἐῖναι παρὰ δημιεργᾶ δεδόσθαι;

" Nous avons déja vû que Platon dit, que l'ame raisonnable a été créée par le Dieu suprême, & que tous les Etres qu'il avoit créés étoient immortels: au lieu que ceux, qui avoient été faits par les autres Dieux, comme le corps humain & les différents animaux, étoient mortels. Il n'y a rien de plus sage dans nos meilleurs auteurs chrétiens, sur la nature de l'ame, que ce que Platon en dit dans plusieurs endroits de ses ouvrages. Il est étonnant que Moïse n'ait jamais parlé de son immortalité, & du sort qui lui étoit réservé après cette vie; & s'il en a parlé c'est d'une maniere si obscure, que les Juifs mêmes ne pouvoient le découvrir clairement, puis que les Saducéens croyoient l'ame mortelle, & que les Pharisiens n'étoient point séparés de communion avec eux. Les Saducéens pouvoient être grands prêtres, & le dogme de l'immortalité ou de la mortalité de l'ame chez les Juifs n'étoit

DE L'EMPEREUR JULIEN. 35

d'Etres est créé par moi, il faut qu'il soit absolument & nécessairement immortel. Or si le monde, que nous appercevons, & les Dieux ne jouissent de l'immortalité que parcequ'ils ont été créés par le Dieu suprême, de qui tout ce qui est immortel doit avoir reçu l'Etre & la naissance; ils s'ensuit que l'ame raisonnable est [11] immortelle par cette même raison.

Mais pas d'une plus grande importance que celui de l'immaculée conception soutenue par les Scotistes, niée par les Thomistes: tous ces théologiens peuvent également être Papes. Platon au contraire a parlé de la nature de l'ame de la maniere la plus claire. „Chacun, *dit Platon*, doit être convaincu que son ame est immor-„telle, & qu'elle ira en sortant du corps rendre compte „aux Dieux de la conduite qu'elle y a tenue: ce qui „doit donner beaucoup de confiance aux bons, & beau-„coup de terreur aux mauvais,„ πείθεσθαι δέ ἐςι τὸν ὄντα ἡμῶν ἕκαςον, ὄντως ἀθάνατον εἶναι, ψυχὴν ἐπονομαζόμενον, καὶ παρὰ Θεὺς ἄλλυς ἀπιέναι, δώσοντα λόγον, καθάπερ ὁ νόμος ὁ πάτριος λέγει, τῷ μὲν ἀγαθῷ θαῤῥαλέον, τῷ δὲ κακῷ μάλα φοβερόν. *Revera vnusquisque nostrum animam ipsam immortalem esse credat, eamque ad Deos alios proficisci, rationem suorum ope-*

δόσθαι; τῦτο δέ ἐςιν ἡ λογικὴ ψυχή. τύτων ἂν τὰ εἴδη καὶ ἡμῶν ἐθελόντων, σπείρας καὶ ὑπαρ-

rum redditurum, in quo certe bonis viris confidendum esse, malis autem formidandum. Plato in legib. 12.

Voilà non seulement l'immortalité de l'ame établie, mais encore l'opinion des récompenses & des peines après la mort. Platon répete encore la même chose dans trente endroits de ses ouvrages. „Je crois, *dit-* „*il*, qu'il est impossible que les hommes, si l'on en „excepte un très petit nombre, soient heureux dans „cette vie; mais nous devons espérer de l'être après „la mort, si nous faisons dans cette vie ce qui peut „nous mériter de voir nos désirs accomplis dans l'autre „

ὃν φημι εἶναι δυνατὸν ἀνθρώποις, μακαρίοις τε καὶ εὐδαίμοσι γενέσθαι πλὴν ὀλίγων, μέχρι ἂν ζῶμεν τῦτο διορίζομαι· καλὴ δὲ ἐλπὶς τελευτήσαντι τυχεῖν ἁπάντων ὧν ἕνεκά τις προθυμοῖτ' ἂν ζῶν τε ὡς κάλλις' ἂν ζῆν κατὰ δύναμιν, καὶ τελευτήσας, τελευτῆς τοιαύτης τυχεῖν. *Impossibile arbitror homines in hac vita, præter admodum paucos, felicitatem & beatitudinem assequi; bona tamen spes est, ut post mortem quis ea omnino consequatur, quorum desiderio accensus, optime pro viribus egit vitam atque exegit.* Plato in epist.

Pour confirmer d'avantage la doctrine de Platon sur l'immortalité de l'ame, plaçons encore ici un passage, qui renferme le germe de tous les préceptes de nos théologiens modernes sur la nature de l'ame. „Il y a,

DE L'EMPEREUR JULIEN.

Mais le Dieu suprême a cédé aux Dieux subalternes le pouvoir de créer, ce qu'il y a

de

„dit *Platon*, beaucoup de dangers à négliger notre
„ame: s'il étoit vrai que la mort fût une entiere disso-
„lution, les méchans gagneroient à cela, puisque leur
„ame finiroit également avec leurs crimes: mais puis-
„qu'il paroît évident que l'ame est immortelle, il n'y
„a aucun remede pour éviter la punition qui lui est ré-
„servée, si ce n'est celui de suivre la vertu & la pru-
„dence: car lorsque nôtre ame descend dans les en-
„fers, elle n'emporte avec elle que l'éducation & les
„instructions qu'on lui a données.„ καὶ ὁ κίνδυνος νῦν
δὴ καὶ δόξειεν ἂν μάλιστα δεινὸς εἶναι, εἴ τις ψυχῆς ἀμελή-
σει. Εἰ μὲν ἦν ὁ θάνατος τῦ παντὸς ἀπαλλαγὴ,
ἕρμαιον ἂν ἦν τοῖς κακοῖς ἀποθανῦσι, τῦ τε σώματος ἅμα ἀπηλλάχθαι, καὶ τῆς αὐτῶν κακίας μετὰ τῆς
ψυχῆς. νῦν δὲ ἐπειδὴ ἀθάνατος φαίνεται οὖσα, ἐδεμία
ἂν εἴη αὐτῇ ἄλλη ἀποφυγὴ κακῶν οὐδὲ σωτηρία, πλὴν
τῦ ὡς βελτίστην τε καὶ φρονιμωτάτην γενέσθαι. Οὐδὲν
γὰρ ἄλλο ἔχουσα εἰς ᾅδε ἡ ψυχὴ ἔρχεται, πλὴν τῆς
παιδείας τε καὶ τροφῆς. *Nam grave periculum fore
putandum est, si quis neglexerit animam, si enim mors
totius dissolutio esset, nimirum improbi lucrarentur quum
& a corpore & ab eorum pravitate cum anima libera-
rentur. Nunc autem cum anima immortalis appareat,
nulla superest malorum declinatio, nulla salus, nisi ut
optima & prudentissima fiat. Nihil enim aliud, quum*

ὑπαρξάμενος ἐγὼ παραδώσω. τὸ δὲ λοιπὸν, ὑμεῖς ἀθανάτῳ θνητὸν προσυφαίνετε. Δῆλον ἂν ὅτι παραλαβόντες οἱ δημιεργοὶ θεοὶ, παρὰ τῦ σφῶν πατρὸς, τὴν δημιεργικὴν δύναμιν, ἀπεγέννησαν ἐπὶ τῆς γῆς τὰ θνητὰ τῶν ζώων. εἰ γὰρ μηδὲν ἔμελλε διαφέρειν ὀρανὸς ἀνθρώπυ, καὶ ναὶ μὰ Δία θηρίυ, καὶ τελευταῖον αὐτῶν τῶν ἑρπετῶν, καὶ τῶν ἐν τῇ θαλάσσῃ νηχομένων ἰχθύων, ἔδει τὸν δημιεργὸν ἕνα καὶ τὸν αὐτὸν εἶναι πάντων. Ἐι δὲ πολὺ τὸ μέσον ἐστὶν ἀθανάτων καὶ θνητῶν, ὐδεμίᾳ προσθήκῃ μεῖζον, ὐδὲ ἀφαιρέσει μειύμενον πρὸς τὰ θνητὰ καὶ ἐπίκηρα, αἴτιον εἶναι προσήκει τύτων μὲν ἄλλυς, ἑτέρων δὲ ἑτέρυς.

Τί

migrat ad manes anima, secum transfert præter eruditionem atque educationem. Plato in phædon.

Lorsque l'on confidere, avec quelle clarté Platon a parlé de l'immortalité de l'ame, des récompenfes &

de mortel dans le genre des hommes : ces Dieux, ayant reçu de leur Pere & de leur Créateur cette puissance, ont produit sur la terre les différents genres d'animaux, puisqu'il eût fallu, si le Dieu suprême eut été également le créateur de tous les Etres, qu'il n'y eût eu aucune différence en entre le Ciel, les hommes, les bêtes féroces, les poissons. Mais puisqu'il y a un intervalle immense entre les Etres immortels & les mortels, les premiers ne pouvant être ni améliorés ni détériorés, les seconds étant soumis, au contraire, aux changemens en bien & en mal; il falloit nécessairement que la cause, qui a produit les uns, fût différente de celle qui a créé les autres.

Il

---

des peines après la mort; l'on ne doit pas être étonné que Julien préfere la doctrine de ce philosophe à celle de Moïse, qui dans tous les livres que nous avons de lui, n'a pas dit un mot qui eût rapport à cela.

Τί δέ μοι καλεῖν Ἕλληνας καὶ Ἑβραίους ἐνταυθί μοι μάρτυρας; ἐδείς ἐςιν ὃς ἐκ ἀνατείνει μὲν εἰς ὐρανὸν τὰς χεῖρας εὐχόμενος, ὀμνύων Θεόν, ἤτοι θεὺς· ἔννοιαν ὅλως τῇ θείᾳ λαμβάνων, ἐκεῖσε φέρεται. καὶ τῦτο ἐκ ἀπεικότως ἔπαθον. Ὁρῶντες γὰρ ὔτε ἐλαττύμενόν τι τῶν περὶ τὸν ὐρανὸν, ὔτε αὐξόμενον, ὔτε τρεπόμενον, ὔτε πάθος ὑπομένον τι τῶν ἀτάκτων, ἀλλ᾽ ἐναρμόνιον μὲν αὐτῇ τὴν κίνησιν, ἐμμελῆ δὲ τὴν τάξιν, ὡρισμένας δὲ θεσμὺς Σελήνης, Ἡλίῳ δὲ ἀνατολὰς καὶ δύσεις ὡρισμένας, ἐν ὡρισμένοις ἀεὶ καιροῖς· εἰκότως Θεὸν καὶ Θεῦ θρόνον ὑπέλαβον. Τὸ γὰρ τοιῦτον ἅτε μηδεμιᾷ προσθήκῃ πληθυνόμενον, μηδὲ ἐλαττύμενον ἀφαιρέσει, τῆς τε κατὰ ἀλλοίωσιν καὶ τροπὴν ἐκτὸς ἰςάμενον μεταβολῆς, πάσης καθαρεύει φθορᾶς

καὶ

Il n'eſt pas néceſſaire que j'aie recours aux Grecs & aux Hébreux, pour prouver qu'il y a une différence immenſe entre les Dieux créés par l'Etre ſuprême, & les êtres mortels produits par ces Dieux créés. Quel eſt, par exemple, l'homme qui ne ſente en lui-même la divinité du Ciel, & qui n'éleve ſes mains vers lui, lorſqu'il prie & qu'il adore l'Etre ſuprême ou les autres Dieux? Ce n'eſt pas ſans cauſe, que ce ſentiment de religion en faveur du ſoleil & des autres aſtres eſt établi dans l'eſprit des hommes. Ils ſe ſont apperçus qu'il n'arrivoit jamais aucun changement dans les choſes céleſtes; qu'elles n'étoient ſujettes ni à l'augmentation ni à la diminution; qu'elles alloient toujours d'un mouvement égal, & qu'elles conſervoient les mêmes regles. (Les lois du cours de la lune, du lever, du coucher du ſoleil, ayant toujours lieu dans les tems marqués.) De cet ordre admirable les hommes ont conclu

καὶ γενέσεως. ἀθάνατον δὲ ὂν φύσει καὶ ἀνώ-λεθρον, παντοίας ἐςὶ καθαρόν κηλῖδος. ἀΐδιον δὲ ὂν, καὶ ἀκίνητον, ὡς ὁρῶμεν, ἤτοι παρὰ ψυχῆς κρείτ7ονος καὶ θειοτέρας ἐνοικέσης αὐτῷ, φέρεται κύκλῳ περὶ τὸν μέγαν δημιεργὸν, ἢ πρὸς αὐτῦ τῦ Θεῦ τὴν κίνησιν, ὥςπερ, οἶμαι, τὰ ἡμέτερα σώματα παρὰ τῆς ἐν ἡμῖν ψυχῆς, παραδεξάμενον, τὸν ἄπειρον ἐξελίτ7ει κύκλον ἀπαύςῳ καὶ αἰωνίῳ φορᾷ.

Τῦ-

12 Julien a pris dans Platon ce qu'il dit ici: „Il me „paroît, *écrit ce Philosophe*, que les premiers Grecs „ne connurent d'autres Dieux que ceux que les bar-„bares considerent encore aujourd'hui comme tels, le „soleil, la lune, la terre, les étoiles, & le ciel: car „comme ils voyoient perpétuellement leur mouvement, „ils les nommerent *Dieux*, parce que par leur nature „ils couroient toujours, & qu'en grec le mot courir se „dit *thein*; de là est venu celui de *theos* qui signifie Dieu."
Φαίνονται μοὶ οἱ πρῶτοι τῶν ἀνθρώπων τῶν περὶ τὴν Ἑλλάδα τέτες μόνες Θεοὺς ἡγεῖσθαι, ὕς περ νῦν πολλοὶ

avec raison, que le Soleil étoit un Dieu ou la demeure d'un Dieu. [12] Car une chose, qui est par sa nature à l'abri du changement, ne peut être sujette à la mort: & ce qui n'est point sujet à la mort, doit être exempt de toute imperfection. Nous voyons qu'un Etre qui est immortel & immuable ne peut être porté & mû dans l'Univers, que par une ame divine & parfaite qui est dans lui, ou par un mouvement qu'il reçoit de l'Etre suprême, ainsi qu'est celui que je crois qu'a l'ame des hommes.

Exa-

τῶν βαρβάρων, ἥλιον, καὶ σελήνην, καὶ γῆν, καὶ ἀέρα, καὶ οὐρανόν. Ἅτε γοῦν αὐτὰ ὁρῶντες πάντα ἀεὶ ἰόντα δρόμῳ καὶ θέοντα, ἀπὸ ταύτης τῆς φύσεως τῆς τοῦ θεῖν, Θεὸς αὐτοὺς ἐπονομάσαι. *Videntur vtique mihi Græcorum prisci Deos solos putasse eos, quos etiam his temporibus barbarorum plurimi arbitrantur: solem, lunam, terram, stellas, cælum. Cum ergo hæc omnia perpetuo in cursu esse conspicerent, ab hac natura* θεῖν *id est, currendi,* Θεοὺς, *id est, Deos nominasse videntur.* Plat. in crat.

Τύτοις παράβαλλε τὴν Ἰυδαϊκὴν διδασκαλίαν, καὶ τὸν φυτευόμενον ὑπὸ τῦ Θεῦ παράδεισον, καὶ τὸν ὑπ' αὐτῦ πλατ]όμενον Ἀδὰμ, εἶτα τὴν γενομένην αὐ]ῷ γυναῖκα. λέγει γὰρ ὁ Θεός· ὐ καλὸν, εἶναι τὸν ἄνθρωπον μόνον· ποιήσωμεν αὐτῷ βοηθὸν κατ' αὐ]όν. πρὸς ὐδὲν μὲν αὐ]ῷ τῶν ὅλων βοηθήσασαν, ἐξαπατήσασαν δέ, καὶ γενομένην παραι]ίαν αὐ]ῷ τε ἐκείνῳ καὶ ἑαυ]ῇ, τῦ πεσεῖν ἔξω τῆς τῦ παραδείσυ τρυφῆς. Ταῦ]α γάρ ἐςι μυθώδη παντελῶς. ἐπεὶ πῶς εὔλογον, ἀγνοεῖν τὸν Θεὸν, ὅτι τὸ γινόμενον ὑπ' αὐτῦ πρὸς βοήθειαν, ὐ πρὸς καλῦ, ἀλλὰ μᾶλλον πρὸς κακῦ τῷ λαβόντι γενήσεται.

Τὸν

13 Genese, Chap. II. v. 18.

14 L'histoire d'Eve étoit encore contraire aux idées de Platon : c'est pour quoi Julien la regarde comme une fable : car Platon croyoit que Dieu ne pouvoit ja-

Examinons à présent l'opinion des Juifs sur ce qui arriva à Adam & à Eve dans ce Jardin, fait pour leur demeure, & qui avoit été planté par Dieu-même. [13] *Il n'est pas bon,* dit Dieu, *que l'homme soit seul. Faisons lui une Compagne qui puisse l'aider & qui lui ressemble.* Cependant cette compagne non seulement ne lui est d'aucun secours, mais elle ne sert qu'à le tromper, à l'induire dans le piege qu'elle lui tend, & à le faire chasser du Paradis. Qui peut, dans cette narration, ne pas voir clairement les fables les plus incroyables? Dieu devoit sans doute connoître, que ce qu'il regardoit comme un secours pour Adam feroit sa perte, & que la compagne qu'il lui donnoit, étoit un mal plutôt qu'un bien pour lui. [14].

___

mais rien faire, qui pût devenir nuisible aux hommes: donc, selon l'opinion de ce philosophe, Dieu ne devoit pas donner une compagne à Adam, qu'il avoit prevû devoir être la cause de son péché. Une telle action

Τὸν γὰρ ὄφιν τὸν πρὸς τὴν Ἔυαν διαλεγόμενον, ποδαπῇ τινὶ φήσομεν χρῆσθαι διαλέκτῳ; ἆρα ἀνθρωπείᾳ; καὶ τί διαφέρει τῶν παρὰ τοῖς Ἕλλησι πεπλασμένων μύθων τὰ τοιάδε;

Τὸ

étoit directement contraire aux principes de Platon, qui difoit: „Qu'un homme fage & vertueux devoit „fans ceffe être occupé du bien de ceux qui lui étoient „foumis, & imiter un pilote qui ne perd jamais de „vue la conduite de fon vaiffeau." Ὁ σοφὸς καὶ ἀγαθὸς ἀνὴρ διοικήσει τὸ τῶν ἀρχομένων, ὥσπερ ὁ κυβερνήτης τὸ τῆς νεὼς δὲ καὶ ναυτῶν ἀεὶ ξυμφέρον παραφυλάττων. *Vir fapiens bonusque gubernabit femper ita ad fubditorum refpiciens, ut ad nautarum nauisque falutem refpicit gubernator.* Plat. in Civil.

Si un fage fouverain doit prévoir & éviter les malheurs qui peuvent arriver à ceux qu'il gouverne; que ne doit pas faire Dieu qui eft le maître d'empécher le mal, & qui cefferoit d'être bon s'il ne l'évitoit ayant la puiffance de s'y oppofer. „Dieu eft toujours jufte; „& fa juftice, *dit Platon*, doit être confidérée par celle „de l'homme le plus équitable." Θεὸς οὐδαμοῦ οὐδαμῶς ἄδικος ἀλλ' ὡς οἷόν τε δικαιότατος, καὶ οὐκ ἔστιν αὐτῷ ὁμοιότερον οὐδὲν ἢ ὃς ἂν ἡμῶν αὖ γένηται ὅτι δικαιότατος. *Deus nusquam, & nullo modo iniuftus, fed quam iuftiffimus totam videlicet iuftitiae complexus poteftatem, nihilque illius fimilius quam iuftiffimus homo.* Plat. in theae.

Que dirons nous du serpent qui parloit avec Eve ? de quel langage se servit-il ? fut-ce de celui de l'homme ? y a-t-il rien de plus ridicule dans les fables populaires des Grecs ? [15]

N'est-

Julien pensoit donc, que puis qu'il eût été opposé au caractere d'un homme prudent de donner à quelqu'un une femme qui auroit pu lui nuire ; il l'étoit bien plus à Dieu de former Eve pour Adam, ayant prévu que ce feroit la cause non seulement de la perte du premier homme, mais de tous ceux qui viendroient après lui, & qui feroient punis d'une faute à la quelle ils n'avoient eu aucune part. ,, Aucun Dieu, *dit Platon*, ne cherche ,, à nuire aux hommes.,, Οὐδεὶς Θεὸς δύσνους ἀνθρώποις. *Nullus Deus malevolus est hominibus.* Plat. in theæ.

Il est bon que nous considérions, que ce fut toujours la philosophie de Platon, quelquefois bien quelquefois mal interprétée, qui égara Julien, & qui lui fournit l'occasion de ne pas se soumettre à l'autorité des Ecritures, & à l'obéissance où les gens véritablement sages savent réduire leur foi. Tertulien a eu raison de dire, qu'il s'affligeoit véritablement lorsqu'il voyoit que tous les hérétiques puisoient leurs erreurs dans Platon. *Doleo bona fide Platonem omnium hæreticorum condimentarium factum.* Tertul. de anima cap. 23.

[15] La possibilité de l'histoire du serpent étoit encore contraire aux principes que Platon avoit établis dans

Τὸ δὲ καὶ τὸν Θεὸν ἀπαγορεύειν τὴν διάγνωσιν καλοῦ τε καὶ φαύλου τοῖς ὑπ' αὐτοῦ πλασθεῖσιν ἀνθρώποις, ἆρ' οὐχ ὑπερβολὴν ἀτοπίας

ses ouvrages. „Dieu, *dit-il*, toujours le même, tou-„jours véritable, soit dans ses paroles soit dans ses „actions, n'est jamais trompé & ne trompe jamais les „hommes soit en employant des visions, des discours, ou „des prodiges, pendant qu'ils veillent, ou pendant „qu'ils dorment." Ὁ Θεὸς ἁπλοῦν καὶ ἀληθὲς ἔν τε ἔργῳ καὶ ἐν λόγῳ, καὶ οὔτε αὐτὸς μεθίσταται, οὔτε ἄλλους ἐξαπατᾷ οὔτε κατὰ φαντασίας, οὔτε κατὰ λόγους, οὔτε κατὰ σημείων πομπὰς, οὐδ' ὕπαρ, οὐδ' ὄναρ. *Simplex omnino Deus, & verax dictis ac factis, neque mutatur ipse, neque alios decipit, neque per visiones, neque per sermones, neque per signa, neque dormientibus, neque vigilantibus.* Plat. de rep. dialo.

Julien demandoit donc par quelle vertu le serpent avoit parlé; si c'étoit par un moyen qui ne venoit pas de Dieu, il y avoit donc un autre être plus puissant que Dieu, qui pouvoit donner la parole aux animaux à qui il l'avoit refusée: si le serpent parloit par la permission de Dieu, l'Etre suprême employoit des prodiges pour tendre des pieges, ce qui étoit contraire aux principes de Platon; & si enfin ce serpent étoit le diable déguisé sous la peau d'un reptile, Dieu abandonnoit aux attaques du diable l'homme qu'il venoit de

N'eſt-ce pas la plus grande des abſurdités de dire que Dieu ayant créé Adam
16 & Eve, leur interdit la connoiſſance du bien
&

former: ce qui étoit encore, comme nous l'avons vu dans la note ſupérieure, contraire aux principes de Platon, qui vouloit que Dieu, ainſi qu'un bon ſouverain, veillât à la conſervation des créatures. De quelque maniere qu'on explique l'hiſtoire du ſerpent; Julien la trouvoit toujours oppoſée aux principes de la philoſophie de Platon, qui l'égaroit de la vérité de l'Ecriture qui doit être crue, comme dit St. Auguſtin: *Parceque celui de qui elle vient ne ſauroit nous tromper.* Si nous trouvons quelque fois des choſes qui ſemblent révolter nôtre raiſon, ſoumettons la à la foi, & diſons avec cet illuſtre ſaint, auſſi grand philoſophe que ſublime théologien, ſans nous en-orgueillir de nos connoiſſances. *Et ego Domine hoc conſiderans expaueſco & obſtupeſco de altitudine diuitiarum ſapientiæ & ſcientiæ tuæ; ad quam non pertingo; & incomprehenſibilia iudicia iuſtitiæ tuæ.* Div. Aug. Solil. lib. cap. XXVII. „O mon Dieu,
„quand je conſidere ces choſes, je ſuis également étonné
„& épouvanté de la grandeur de votre ſageſſe, & de
„la profondeur de votre ſcience, que je ne puis com-
„prendre.„

16 *A Adam & Eve,* ἀνθρώποις *mot à mot aux hommes.*

πίας ἔχει; Τί γὰρ ἂν ἠλιθιώτερον γένοιτο, τῦ μὴ δυναμένῦ διαγινώσκειν καλὸν καὶ πονηρόν; δῆλον γὰρ, ὅτι τὰ μὲν ἀ φεύξεται· λέγω δὲ τὰ κακὰ, τὰ δὲ ἀ μεταδιώξει· λέγω δὲ τὰ καλά. Κεφάλαιον δὲ φρονήσεως ἀπηγόρευσεν ὁ Θεὸς ἀνθρώπῳ γεύσασθαι, ἧς ἀδέν ἂν εἴη τιμιώτερον ἀνθρώπῳ. ὅτι γὰρ ἡ τῦ καλῦ καὶ τῦ χείρονος διάγνωσις οἰκεῖόν ἐσιν ἔργον φρονήσεως, πρόδηλόν ἐςί σε καὶ τοῖς ἀνοήτοις.

Ὥστε τὸν ὄφιν, εὐεργέτην μᾶλλον, ἀλλ' ἀ λυμεῶνα τῆς ἀνθρωπίνης εἶναι γενέσεως· καὶ ἀχὶ τῦτο μόνον, ἀλλὰ καὶ ἐπιφέρει πάλιν οἷς ἔφη· ἐπί τύτοις ὁ Θεὸς λέγεται βάσκανος. ἐπειδὴ γὰρ τὸν ἄνθρωπον εἶδε τῆς φρονήσεως με-

[17] J'ai un peu étendu ici ma traduction pour la ren-

& du mal ? quelle est la créature qui puisse être plus stupide, que celle qui ignore le bien & le mal, & qui ne sauroit les distinguer ? Il est évident qu'elle ne peut, dans aucune occasion, éviter le crime, ni suivre la vertu, puisqu'elle ignore ce qui est crime, & ce qui est vertu. Dieu avoit défendu à l'homme de goûter du fruit qui pouvoit seul le rendre sage & prudent. [17] Quel est l'homme assez stupide pour ne pas sentir que, sans la connoissance du bien & du mal, il est impossible à l'homme d'avoir aucune prudence ?

Le serpent n'étoit donc point ennemi du genre-humain, en lui apprenant à connoître ce qui pouvoit le rendre sage ; mais Dieu lui portoit envie : car lorsqu'il vit que l'homme étoit devenu capable de distinguer la vertu du vice, il le chassa du paradis terrestre, dans la crainte qu'il ne goutât du bois de l'ar-

dre plus intelligible.

μεταςχόντα, ἵνα μὴ, φησὶ, γεύσηται τῦ ξύλυ τῆς ζωῆς, ἐξέβαλεν αὐτὸν τῦ παραδείσυ, διαρρήδην εἰπών· ἰδὺ Ἀδὰμ γέγονεν ὡς εἷς ἐξ ἡμῶν, τῦ γινώσκειν καλὸν καὶ πονηρὸν. καὶ νῦν μήποτε ἐκτείνη τὴν χεῖρα, καὶ λάβῃ ἀπὸ τῦ ξύλυ τῆς ζωῆς, καὶ φάγῃ, καὶ ζήσεται εἰς τὸν αἰῶνα· καὶ ἐξαπέςειλεν αὐτὸν κύριος ὁ Θεὸς ἐκ τῦ παραδείσυ τῆς τρυφῆς. Τύτων τοίνυν ἕκαςον, εἰ μὴ μῦθος εἴη ἔχων ἀπόρρητον θεωρίαν, ὅπερ ἐγὼ νενόμικα, πολλῆς γέμυσιν οἱ λόγοι περὶ τῦ Θεῦ βλασφημίας. τὸ γὰρ ἀγνοῆσαι μὲν, ὡς ἡ γινομένη βοηθὸς αἰτία τῦ παραπτώματος ἔςαι, καὶ τὸ ἀπαγορεῦσαι καλῦ καὶ πονηρῦ τὴν γνῶσιν, ὃ μόνον συνέχειν ἔοικε τὸν ἀνθρώπινον βίον, καὶ προσέτι τὸ ζη-
λοτυ-

---

[a] Genese, Chap. III. v. 22.

l'arbre de vie, en lui difant: [18] "Voici Adam, qui eſt devenu comme l'un de nous, sachant le bien & le mal; mais pour qu'il n'étende pas maintenant ſa main, qu'il ne prenne pas du bois de la vie, qu'il n'en mange pas, & qu'il ne vienne pas à vivre toujours, l'Eternel Dieu le met hors du Jardin d'Eden." Qu'eſt-ce qu'une ſemblable narration? on ne peut l'excuſer qu'en diſant, qu'elle eſt une fable allégorique, qui cache un ſens ſecret. Quant à moi, je ne trouve dans tout ce diſcours, que beaucoup de blaſphêmes contre la vraie eſſence & la vraie nature de Dieu, qui ignore que la femme qu'il donne pour Compagne & pour ſecours à Adam, ſera la cauſe de ſon crime; qui interdit à l'homme la connoiſſance du bien & du mal, la ſeule choſe qui pût regler ſes mœurs; & qui craint que ce même homme, [19] après avoir pris de l'arbre

de

---

[19] Après avoir pris de l'Arbre de vie τῆς ζωῆς μεταλαβὼν mot à mot, *ayant pris la vie.*

λοτυπήσαι, μὴ τῆς ζωῆς μεταλαβὼν, ἀθάνατος ἐκ θνητῦ γένηται, φθονερῦ καὶ βάσκανα λίαν ἐςίν.

Ὑπὲρ δὲ ὧν ἐκεῖνοί τε ἀληθῶς ὑπὲρ Θεῦ δοξάζυσιν, ἡμῖν τε ἐξ ἀρχῆς οἱ πατέρες παρέδοσαν, ὁ μὲν ἡμέτερος ἔχει λόγος ὡδί τὸν προσεχῆ τῦ κόσμυ τύτυ δημιυργόν. ὑπὲρ γὰρ τῶν ἀνωτέρω τύτυ Μωσῆς μὲν εἴρηκεν ὅλως ὐδὲν, ὅςγε ὐδὲ ὑπὲρ τῆς τῶν ἀγγέλων ἐτόλμησέ τι φύσεως· ἀλλ' ὅτι μὲν λειτυργῦσι τῷ Θεῷ, πολλαχῦ καὶ πολλάκις εἶπεν. εἴτε δὲ γεγονότες, εἴτε ἀγένητοι, εἴτε ὑπ' ἄλλυ μὲν γεγονότες, ἄλλως δὲ λειτυργεῖν τεταγμένοι, εἴτε ἄλλως πως,

[20] Une pareille crainte & une envie semblable conviennent-elles à la nature de Dieu ? φθονερῦ καὶ βασκάνυ λίαν ἐςίν mot à mot, *cela est trop envieux & trop méchant*.

[21] Il y a ici une lacune. Le Texte dit ὑπὲρ δὲ ὧν ἐκεῖνοί τε ἀληθῶς ὑπὲρ Θεῦ δοξάζυσιν. *C'est à dire, ce que ceux ci ont dit de Dieu avec raison.,,* On voit que

de vie, ne devienne immortel. Une pareille crainte, & une envie semblable conviennent-elles à la nature [20] de Dieu?

Le peu [21] de choses raisonnables que les Hébreux ont dit de l'essence de Dieu; nos Peres, dès les premiers Siecles, nous en ont instruits: & cette Doctrine qu'ils s'attribuent est la nôtre. Moïse ne nous a rien appris de plus; lui qui parlant plusieurs fois des Anges, qui exécutent les ordres de Dieu, n'a rien osé nous dire, dans aucun endroit, de la nature de ces Anges; s'ils sont créés, ou s'ils sont incréés; s'ils ont été faits par Dieu ou par une autre cause; s'ils obéissent à d'autres Etres. [22] Comment Moïse a-t-il pû garder,

cela ne se rapporte à rien. J'ai donc tâché de lier le sens avec l'Article précédent, en rendant par le mot *Hébreux* le pronom ἐκεῖνοι *ceux-ci*.

[22] Il n'est pas dit un seul mot des Anges dans toute l'histoire de la création du monde; & il n'en est parlé que lors que Dieu, ayant chassé Adam du paradis terrestre, mit un chérubin vers l'orient du jardin d'Eden,

ϖως, ἀδαμόθεν διώρισαι. Περὶ δὲ ἀρανῦ καὶ γῆς, ταὶ τῶν ἐν αὐτῇ, καὶ τίνα τρόπον διεκοσμήθη

avec une lame d'épée, qui se tournoit çà & là pour garder le chemin de l'arbre de vie. Καὶ ἔταξε τὰ χιρυβὶμ, καὶ τὴν φλογίνην ῥομφαίαν τὴν ϛρεφομένην φυλάσσειν τὴν ὁδὸν τοῦ ξύλυ τῆς ζωῆς. On ne peut comprendre comment Moïse, qui à daigné instruire les Hébreux comment les balaines furent créées, les mettant à part des autres poissons, & les distinguant nommément par leur nom; καὶ ἐποίησεν ὁ Θεὸς τὰ κήτη μεγάλα n'a pas dit un mot de la nature des Anges, & du temps de leur formation. Nous ignorerions encore tout ce qui les regarde, si peu à peu, depuis le cinquieme siecle, l'Eglise ne nous en avoit instruits; car il y a grande apparence que St. Paul croyoit encore que les Anges étoient d'une nature corporelle, & qu'ils pouvoient être tentés par la beauté des femmes, à qui il ordonne de se voiler la tête dans l'Eglise par raport à eux. „L'homme, *dit cet Apotre*, n'a pas été créé à cause „de la femme, mais la femme à cause de lui: la femme „doit donc avoir une puissance sur sa tête à cause des „Anges." Καὶ γὰρ οὐκ ἐκτίσθη ἀνὴρ διὰ τὴν γυναῖκα, ἀλλὰ γυνὴ διὰ τὸν ἄνδρα. Διὰ τοῦτο ὀφείλει ἡ γυνὴ ἐξουσίαν ἔχειν ἐπὶ τῆς κεφαλῆς διὰ τοὺς ἀγγέλους. *Etenim non est creatus vir propter mulierem, sed mulier propter virum, propter hoc debet mulier potestatem habere supra caput propter angelos.* Pauli Epist. I.

der, sur tout cela, une silence obstiné, après avoir parlé si amplement de la création du Ciel

ad Corinth. Cap. XI. v. 9. & 10. Il parut évident aux écrivains des quatre premiers siecles de l'Eglise, que St. Paul, parlant de la nécessité que la femme sût soumise à son mari, & qu'il étendît sa puissance sur la tête de son épouse à cause des Anges, vouloit rappeller la chute des premieres femmes avec ces Anges; & faire sentir que, puis qu'elles avoient pû être séduites par des substances angéliques, elles pouvoient bien l'être plus aisément par des hommes. Cet endroit a exercé la critique de tous les interpretes de l'Ecriture: mais tous ceux qui ne l'ont pas expliqué comme les anciens Peres, n'ont rien dit de convainquant, & qui donne aucun sens raisonnable à ce passage, qui est fort clair, dès que l'on convient que St. Paul a cru une tradition qui dura plus de quatre cents ans après lui. C'est le sentiment de Jean Davisius, Docteur en droit & en théologie, & un des plus savans écrivains de ces derniers temps. *Hunc certe locum,* dit-il, *misere vexarunt interpretes, at is clarus est & apertus, si Paulus eam traditionem in animo habuisse censeatur.* Jo. Davis. Comment. in divin. instit. Lactantii cap. XXVIII. p. 50.

L'on voit donc que St. Paul, content de connoître l'existence des Anges, n'en avoit point découvert la nature, qui fut encore ignorée plus de quatre cents ans après lui: c'est ce que nous verrons dans une remar-

μήθη διέξεισι. καὶ τὰ μέν φησι κελεῦσαι γενέσθαι τὸν Θεὸν, ὥσπερ ἡμέραν καὶ φῶς καὶ στερέωμα. τὰ δὲ ποιῆσαι, ὥσπερ ὐρανὸν καὶ γῆν, ἥλιόν τε καὶ σελήνην. τὰ δὲ ὄντα, κρυπτόμενα δὲ, τέως διακρῖναι, καθάπερ ὕδωρ οἶμαι καὶ τὴν ξηράν. Πρὸς τύτοις δὲ ὐδὲ περὶ γενέσεως

que qui eſt placée dans cet ouvrage, & dans la quelle nous examinons cette queſtion. Nous nous contenterons donc de dire ici, qu'il étoit naturel que Julien trouvât extraordinaire que Moïſe, parlant de la création de tous les êtres, n'eût pas dit un ſeul mot de celle des Anges. Car cet Empereur, toujours guidé par la philoſophie de Platon, y trouvoit, „que le Dieu ſuprême „avoit diſtribué aux Anges, ou ſi l'on veut, aux Dieux, „ce qui revient au même, la conduite & le gouverne„ment des différentes parties du monde, & des diver„ſes eſpeces des animaux dont ils étoient comme les „paſteurs.„ Αὐτῆς πρῶτον τῆς κυκλήσεως ἦρχεν ἐπιμελόμενος ὅλης ὁ Θεὸς, ὡς νῦν κατὰ τόπους τουτὸν τοῦτο ὑπὸ Θεῶν ἀρχόντων πάντα τοῦ κόσμου μέρη διειλημμένα. καὶ δὴ καὶ τὰ ζῶα καὶ γένη, καὶ ἀγέλας οἷον νομεῖς Θεοὶ διειλήφεσαν δαίμονες. *Totius cir-*

Ciel & de la Terre, des choses qui les ornent & qui y sont contenues? Remarquons-ici que Moïse dit que Dieu ordonna que plusieurs choses fussent faites, [23] comme le jour, la lumiere, le firmament; qu'il en fit plusieurs lui-même, comme [24] le Ciel, la Terre, le Soleil, la Lune; & qu'il sépara celles qui existoient déja, comme l'eau & l'aride.

D'ail-

---

cuitus princeps curatorque primum Deus extitit, ut nunc per varias mundi plagas singulæ ipsius partes a Diis principibus distributæ sunt, animalium quoque genera gregatim distincta dæmones quidam tanquam divini pastores sortiti sunt. Plat. in civil. Remarquons que Julien n'établit jamais aucun dogme qu'il ne le prenne dans Platon: les premiers philosophes chrétiens eurent assez cette coûtume, ce qui fut la cause des erreurs de plusieurs, & surtout de celles d'Origene, comme l'a observé Bellarmin: *Origenes ex philosophia Platonis deceptus, multa docuit contra fidei veritatem, præsertim de inæqualitate divinarum personarum; de origine animarum; de resurrectione corporum; de salvatione dæmonum.* Belarm. Chronol. pars 2. pag. 43.

[23] Genese. Chap. I.   [24] Genese. Chap. I.

νέσεως ἢ περὶ ποιήσεως τȣ̃ πνεύματος εἰπεῖν ἐτόλμησεν, ἀλλὰ μόνον· καὶ πνεῦμα Θεȣ̃ ἐπεφέρετο ἐπάνω τȣ̃ ὕδατος. πότερον δὲ ἀγένητόν ἐστιν ἢ γέγονεν, ȣ̓δὲν διασαφεῖ.

Ὀυκȣ̃ν ἐπειδήπερ ȣ̓δὲ περὶ τȣ̃ προσεχȣ̃ς τȣ̃ κόσμȣ τȣ́τȣ δημιȣργȣ̃ πάντα διειλεγμένος φαίνεται Μωσῆς, τήν τε Ἑβραίων καὶ τὴν τῶν ἡμετέρων πατέρων δόξαν ὑπὲρ αὐτῶν τȣ́των ἀντιπαραθῶμεν ἀλλήλαις. ὁ Μωσῆς φησὶ τὸν τȣ̃ κόσμȣ δημιȣργὸν ἐκλέξασθαι τὸ τῶν Ἑβραίων ἔθνος, καὶ προσέχειν ἐκείνῳ μόνῳ, καὶ ἐκείνȣ φροντίσαι, καὶ δίδωσιν αὐτῷ τὴν ἐπιμέλειαν αὐτȣ̃ μόνȣ· τῶν δὲ ἄλλων ἐθνῶν, ὅπως ἢ ὑφ' οἷς τισι διοικȣ̃νται θεοῖς, ȣ̓δ' ἡντινȣ̃ν μνείαν πεποίηται· πλὴν εἰ μή τις ἐκεῖνα συγχωρήσειεν, ὅτι τὸν Ἥλιον αὐτοῖς καὶ τὴν Σελήνην

D'ailleurs Moïse n'a ofé rien écrire ni fur la nature ni fur la création de l'efprit. Il s'eft contenté de dire vaguement, [25] *qu'il étoit porté fur les eaux.* Mais cet Efprit, porté fur les eaux, étoit-il créé, étoit-il incréé?

Comme il eft évident que Moïse n'a point afféz examiné & expliqué les chofes qui concernent le Créateur & la création de ce monde; je comparerai les différents fentiments des Hébreux & de nos Peres fur ce fujet. Moïse dit que le Créateur du monde choifit pour fon Peuple la nation des Hébreux, qu'il eut pour elle toute la prédilection poffible, qu'il en prit un foin particulier, & qu'il négligea pour elle tous les autres Peuples de la Terre. Moïse, en effet, ne dit pas un feul mot pour expliquer comment les autres nations ont été protégées & confervées par le Créateur, & par quels Dieux elles ont été gouvernées: il fem-

---

[25] Genefe. Chap. I.

νην ἀπένειμεν. Ἀλλ' ὑπὲρ μὲν τύτων, καὶ μικρὸν ὕςερον. πλὴν ὅτι τῦ Ἰσραὴλ αὐτῦ μόνυ Θεὸν, καὶ τῆς Ἰυδαίας, καὶ τύτυς ἐκλεκτὰς φησιν εἶναι, αὐτός τε, καὶ οἱ μετ' ἐκεῖνον προφῆται, καὶ Ἰησῦς ὁ Ναζαραῖος, ἐπιδείξω· ἀλλὰ καὶ τὸν πάντας πανταχῦ τὰς πώποτε γόητας καὶ ἀπατεῶνας ὑπερβαλλόμενον Παῦλον. Ἀκύσετε δὲ τῶν λέξεων αὐτῶν. πρῶτον μὲν, τῶν Μωσέως· σὺ δὲ ἐρεῖς τῷ Φαραῶ· υἱὸς πρωτότοκός μυ Ἰσραήλ. εἶπον δὲ, ἐξαπόςειλον τὸν λαόν μυ, ἵνα μοι λατρεύσῃ· σὺ δὲ ὐκ ἐβύλυ ἐξαποςεῖλαι αὐτόν. καὶ μικρὸν ὕςερον· καὶ λέγυσιν αὐτῷ, ὁ Θεὸς τῶν Ἑβραίων προσκέκληται ἡμᾶς. πορευσόμεθα ὖν εἰς τὴν ἔρημον, ὁδὸν ἡμερῶν τριῶν, ὅπως θύσωμεν κυρίῳ τῷ Θεῷ

[26] Les injures que Julien dit ici contre la mémoire de S. Paul, font l'éloge de ce grand Apôtre. Julien se fût moins déchainé contre lui, si ce Saint eût eu moins de mérite: plus il avoit établi la véritable Religion, & plus celui qui la vouloit détruire, devoit chercher

semble ne leur avoir accordé d'autre bienfait de l'Etre suprême, que de pouvoir jouir de la lumiere du soleil & de celle de la lune. C'est ce que nous observerons bientôt. Venons actuellement aux Israélites & aux Juifs, les seuls hommes, à ce qu'il dit, aimés de Dieu. Les Prophêtes ont tenu, à ce sujet, le même langage que Moïse. Jesus de Nazaret les a imités; & Paul, cet homme qui a été le plus grand des imposteurs, & le plus insigne des fourbes, a suivi cet exemple. Voici donc comment parle Moïse. [27] *Tu diras à Pharaon, Israel mon fils premier né..... J'ai dit renvoie mon Peuple, afin qu'il me serve; mais tu n'as pas voulu le renvoier..... Et ils lui dirent: Le Dieu des Hébreux nous a appellés, nous*

à le rendre odieux: mais la vérité a vaincu le mensonge. Le Paganisme a été anéanti; & le Christianisme a éclairé & sauvé le monde entier.

[27] Exode. Chap. IV. v. 22. 23. Exod. Chap. V. v. 3. Exod. Chap. VII. v. 16.

Θεῷ ἡμῶν. καὶ μετ᾽ ὀλίγα πάλιν ὁμοίως· κύριος ὁ Θεὸς τῶν Ἑβραίων ἐξαπέσαλκέ με πρὸς σὲ, λέγων, ἐξαπόςειλον τὸν λαόν μȣ, ἵνα μοι λατρεύσωσιν ἐν τῇ ἐρήμῳ.

Ἀλλ᾽ ὅτι μὲν Ἰȣδαίων μόνων τὸ ἐξ ἀρχῆς ἐμέλησε τῷ Θεῷ, καὶ κλῆρος αὐτȣ̃ γέγονεν ȣ̃τος ἐξαίρετος, ȣ̔ Μωσῆς μόνον καὶ Ἰησȣ̃ς, ἀλλὰ καὶ Παῦλος εἰρηκὼς φαίνεται. καί τοι τȣ̃το θαυμάσαι

[28] Julien n'est pas fondé à soutenir, que St. Paul a été vacillant dans ses opinions: mais il auroit pû lui reprocher de les soutenir d'une façon obscure & très capable de jetter la plus grande partie de ses lecteurs dans des erreurs dangereuses, s'ils ne lisent pas ses ouvrages avec grande attention. Julien, en parlant de même, n'auroit été que l'interprete de St. Pierre, qui s'énonce ainsi à la fin de sa seconde Epitre: „Regar„dez la patience du Seigneur comme une preuve qu'il „veut votre salut, comme Paul notre frere bien-aimé „vous à écrit, selon la sagesse qui lui a été donnée:

DE L'EMPEREUR JULIEN. 65

nous partirons pour le désert, & nous ferons un chemin de trois jours, pour que nous sacrifyons à notre Dieu..... Le Seigneur le Dieu des Hébreux m'a envoyé auprès de toi, disant: Renvoie mon Peuple pour qu'il serve dans le désert.

Moïse & Jésus n'ont pas été les seuls qui disent que Dieu dès le commencement, avoit pris un soin tout particulier des Juifs, & que leur sort avoit été toujours fort heureux. Il paroît que c'est là le sentiment de Paul, quoique cet homme ait toujours été vacillant [28] dans ses opinions, & qu'il en ait chan-

„ ainsi que dans toutes ses lettres il parle de choses qui
„ sont difficiles à comprendre, & qui peuvent égarer &
„ conduire à l'erreur les ignorans, & ceux qui étant
„ mal assurés, les expliquent ainsi que les autres écritures, à leur perdition.„ Καὶ τὴν τοῦ Κυρίου ἡμῶν μακροθυμίαν, σωτηρίαν ἡγεῖσθε, καθὼς καὶ ὁ ἀγαπητὸς ἡμῶν ἀδελφὸς Παῦλος κατὰ τὴν αὐτῷ δοθεῖσαν σοφίαν ἔγραψεν ὑμῖν, ὡς καὶ ἐν πάσαις ταῖς ἐπιστολαῖς, λαλῶν ἐν αὐταῖς περὶ τούτων, ἐν οἷς ἐστι δυσνόητά τινα, ἃ οἱ ἀμαθεῖς καὶ ἀστήρικτοι στρεβλοῦσιν, ὡς καὶ τὰς λοιπὰς γραφὰς, πρὸς τὴν ἰδίαν αὐτῶν ἀπώλειαν.

TOM. I.   E

μάσαι ἄξιον ὑπὲρ τῦ Παύλυ. πρὸς τὰς τύχας γὰρ, ὥσπερ οἱ πολύποδες πρὸς τὰς πέτρας, ἀλλάττει τὰ περὶ Θεῦ δόγματα, ποτὲ μὲν Ἰυδαίυς μόνον τὴν τῦ Θεῦ κληρονομίαν εἶναι διαγεινόμενος, ποτὲ δὲ τὰς Ἕλληνας ἀναπείθων, αὐτῷ προςτίθεσθαι, λέγων, μὴ Ἰυδαίων μόνων ὁ Θεός, ἀλλὰ καὶ ἐθνῶν; ναὶ καὶ ἐθνῶν. Δίκαιον ὖν ἔρεσθαι τὸν Παῦλον· εἰ μὴ τῶν Ἰυδαίων μόνων ἦν ὁ Θεός, ἀλλὰ καὶ τῶν ἐθνῶν, τῦ

χά-

Et Domini nostri longanimitatem, salutem arbitramini, sicut & dilectus noster frater Paulus secundum sibi datam sapientiam scripsit vobis: sicut & in omnibus epistolis loquens in eis de his, in quibus sunt difficilia intellectu quædam, quæ indocti & instabiles detorquent, sicut & cæteras scripturas ad propriam ipsorum perditionem. Petr. epist. secund. cap. 3. v. 15 & 16.

Nous voyons aujourd'hui la preuve évidente de ce qu'a dit St. Pierre: les Calvinistes, les Luthériens, les Molinistes, les Jansénistes prétendent tous avoir St. Paul de leur côté; ils s'appuient pour établir leurs

changé si souvent sur le dogme de la nature de Dieu; tantôt soutenant que les Juifs avoient eu seuls l'heritage de Dieu, & tantôt assurant que les Grecs y avoient eu part; comme lorsqu'il dit: *Est-ce qu'il étoit seulement le Dieu des Hébreux, ou l'étoit-il aussi des nations? certainement il l'étoit des nations.* Il est donc naturel de demander à Paul, pourquoi, si Dieu a été non-seulement le Dieu des Juifs, mais aussi celui des autres Peuples; il a comblé les Juifs de biens & de graces; il leur a donné Moïse, la Loi, les Prophêtes; il a fait

sentimens, de l'autorité de cet Apôtre; ils assurent qu'ils ne disent que ce qu'il a dit: mais ils disputent cependant entr'eux avec tant d'animosité, de haine, & de fureur sur la grace & la prédestination; qu'un homme sage, voyant les excès aux quels ils se portent, en conclut qu'ils sont tous également privés de cette grace dont ils parlent tant, & qu'ils paroissent prédestinés à scandaliser tous ceux qui savent combien l'Ecriture recommande la charité, la modération, & le pardon des offenses.

χάριν· εἰς τὰς Ἰυδαίας μὲν, πολὺ τὸ προφητικὸν ἔπεμψε πνεῦμα, καὶ τὸν Μωσέα, καὶ τὸ χρίσμα, καὶ τὰς προφήτας, καὶ τὸν νόμον, καὶ τὰ παράδοξα, καὶ τὰ τεράςια τῶν μύθων. ἀκύεις τε αὐτῶν βοώντων, ἄρτον ἀγγέλων ἔφαγεν ἄνθρωπος. Ἐπί τέλει δὲ καὶ τὸν Ἰησῦν ἐκείνοις ἔπεμψεν, ὑ χρίσμα, ὑ προφήτην, ὑ διδάσκαλον, ὑ κήρυκα τῆς μελλύσης ὀψέ ποτε γῦν ἔσεθαι καὶ εἰς ἡμᾶς τῦ Θεῦ φιλανθρωπίας· ἀλλὰ καὶ περιεῖδεν ἐτῶν μυριάδας, εἰ δὲ ὑμεῖς βύλεθε, χιλιάδας, ἐν ἀγνωσίᾳ τοιαύτῃ τοῖς εἰδώλοις, ὡς φατὲ,

*⁹ Et même des prodiges qui paroiſſent fabuleux *καὶ τὰ τεράςια τῶν μύθων*, mot à mot *les prodiges des fables*. Comment Julien pouvoit-il douter des miracles que Dieu avoit faits en faveur de ſon Peuple, puiſqu'il en avoit vû lui-même pluſieurs, arrivés de ſon tems chez

fait en leur faveur plusieurs miracles, & [29] même des prodiges qui paroissent fabuleux. Entendez les Juifs, ils disent: *L'homme a mangé le pain des Anges.* Enfin Dieu a envoié aux Juifs Jésus qui ne fut pour les autres nations, ni un Prophète, ni un Docteur, ni même un Prédicateur de cette grace divine & future à laquelle à la fin ils devoient avoir part. Mais avant ce tems il se passa plusieurs milliers d'années, où les nations furent plongées dans la plus grande ignorance, rendant, selon les Juifs, un culte criminel au simulacres des Dieux. Toutes les nations qui sont situées sur la terre depuis l'orient à l'occident, & depuis le midi jusqu'au

---

les Chrétiens, dont la mémoire nous a été conservée par les plus célebres Auteurs Ecclésiastiques? C'est ici où l'on peut voir que le cœur de Julien, semblable à celui de Pharaon, avoit été endurci, *obduravit cor Pharaonis.*

φατὲ, λατρεύοντας τὰς ἀπὸ ἀνίσχοντος ἡλίε μέχρι δυσμένε, καὶ τὰς ἀπὸ μέσων τῶν ἄρκτων ἄχρι μεσημβρίας, ἔξω μικρᾶ γένες, ὐδὲ πρὸ δισχιλίων ἐτῶν ὅλων ἑνὶ μέρει συνοικισθέντος τῆς Παλαιϛίνης. Εἰ γὰρ πάντων ἡμῶν ἐϛι Θεὸς, καὶ πάντων δημιεργὸς ὁμοίως, εἰς τί περιεῖδεν ἡμᾶς; καὶ μεθ' ἕτερα· ἔτι καὶ προσέξομεν ὑμῖν, ὅτι τὸν τῶν ὅλων Θεὸν, ἄχρι ψιλῆς γᾶν ἐννοίας ὑμεῖς, ἢ τῆς ὑμετέρας τίς ἐφαντάϛθη ῥίζης; Οὐ μερικὰ ταῦτα πάντα ἐϛί; Θεὸς γὰρ ζηλωτής; ζηλοῖ δὲ διατί καὶ Θεὸς, ἐκδικῶν ἁμαρτίας πατέρων ἐπί τέκνα;

Ἀλλὰ

30 *Est-il rien de si contraire à la nature divine nécessairement bonne par son Essence?* J'ai

au septentrion, excepté un petit peuple habitant depuis deux-mille ans, une partie de la Palestine, furent donc abandonnées de Dieu. Mais comment est-il possible, si ce Dieu est le nôtre comme le vôtre, s'il a créé également toutes les nations; qu'il les ait si fort méprisées, & qu'il ait négligé tous les peuples de la terre? Quand même nous conviendrions avec vous, que le Dieu de toutes les nations a eu une préférence marquée pour la vôtre, & un mépris pour toutes les autres; ne s'ensuivra-t-il pas de là, que Dieu est envieux, qu'il est partial? or comment Dieu peut-il être sujet à l'envie, à la partialité, & punir, comme vous le dites, les péchés des Peres sur les enfans innocens? 3º Est-il rien de si contraire à la nature divine, nécessairement bonne par son essence?

Après

ajouté cela au Texte pour finir le sens de la phrase.

Ἀλλὰ δὴ σκοπεῖτε πρὸς ταῦτα πάλιν τὰ παρ' ἡμῶν. οἱ γὰρ ἡμέτεροι φασὶ τὸν δημιεργὸν ἁπάντων μὲν εἶναι κοινὸν πατέρα καὶ βασιλέα, νενεμῆσθαι δὲ τὰ λοιπὰ τῶν ἐθνῶν ὑπ' αὐτῦ ἐθνάρχαις καὶ πολιέχοις θεοῖς, ὧν ἕκαςος ἐπιτροπεύει τὴν ἑαυτῦ λῆξιν οἰκείως αὐτῷ.

Ἐπει-

31 Il paroit quil y a ici une lacune; j'ai donc ajoûté pour la liaifon du difcours: *Après avoir examiné l'opinion des Juifs, fur la bonté de Dieu envers les hommes, voyons quelle eft celle des Grecs.* Le Texte dit fimplement ἀλλὰ δὴ σκοπεῖτε πρὸς ταῦτα πάλιν τὰ παρ' ἡμῶν. Mot à mot, *mais confidérez de nouveau ces chofes chez nous.*

32 Les Chrétiens difent des Anges ce que les Platoniciens croyoient des Dieux fubalternes; ils penfent qu'ils font non feulement occupés du foin d'un royaume, mais de celui des particuliers: chaque homme a fon Ange gardien, qui lui eft donné en naiffant, pour le fecourir dans le befoin, & fur tout dans les tentations. „Toutes ies fois, *dit St. Bernard,* que nous fentons „une forte tentation, ou qu'une grande tribulation

Après [31] avoir examiné l'opinion des Juifs, fur la bonté de Dieu envers les hommes, voyons quelle eſt celle des Grecs. Nous diſons que le Dieu ſuprême, le Dieu Créateur eſt le Roi & le Pere commun de tous les hommes; qu'il a diſtribué toutes les nations à des Dieux, à qui il en a commis le ſoin particulier; & qui les gouvernent de la maniere qui leur eſt la meilleure [32] & la plus convenable: car

dans

„nous menace; invoquons notre gardien, notre aide, „ſoit dans le bonheur, ſoit dans le malheur.„ *Quoties grauiſſima cernitur urgere tentatio, & tribulatio vehemens immiſcere, inuoca cuſtodem tuum, doctorem tuum, adiutorem tuum in oportunitatibus, in tribulatione.* St. Bernard. Serm. XII. in Pſam. qui habitat.

Les païens donnerent des gardiens céleſtes non ſeulement aux royaumes, aux provinces, aux villes; mais encore à chaque particulier: car il n'y avoit aucune famille qui n'eût ſes Dieux pénates: ainſi il n'eſt pas étonnant que Julien ait cru que les Dieux, chargés de protéger certains peuples, influoient beaucoup ſur leur façon de penſer: puiſque les Catholiques ſont perſuadés que les Anges gardiens ont beaucoup de part à la maniere d'agir de ceux qui les invoquent.

Ἐπειδὴ γὰρ ἐν μὲν τῷ πατρὶ πάντα τέλεια, καὶ ἐν πάντα, ἐν δὲ τοῖς μεριςοῖς, ἄλλη παρ᾽ ἄλλῳ κρατεῖ δύναμις· Ἄρης μὲν ἐπιτροπεύει τὰ πολεμικὰ τῶν ἐθνῶν· Ἀθηνᾶ δέ τὰ μετὰ φρονήσεως πολεμικά. Ἑρμῆς δὲ τὰ συνετώτερα μᾶλλον, ἢ τολμηρότερα. καὶ καθ᾽ ἑκά-

ςην

Outre les Anges deſtinés au ſecours des particuliers, chaque royaume a ſon patron dans le Ciel; les François ont ſaint Louis: St. Jean Népomucene eſt le protecteur de la Boheme; je crois, ſi je ne me trompe pas, que l'Eſpagne eſt du département de St. Jaques; Veniſe eſt de celui de St. Marc; & le Piémont de celui de St. Philippe de Néri. L'Egliſe ayant établi le culte des ſaints, il eſt non ſeulement téméraire, mais même criminel de s'élever contre ce dogme, & de le mettre en doute : mais je crois qu'on ne ſauroit prendre trop de précaution pour inſtruire le peuple de la maniere dont il doit être pratiqué: ſans cela il eſt dangereux qu'une choſe très reſpectable, & très pieuſe ne devienne pernicieuſe par l'abus qu'on peut en faire. Il n'eſt que trop commun de voir parmi le peuple, ſur tout à la campagne, des gens qui honorent beaucoup

dans le Dieu suprême, dans le Pere, toutes les choses sont parfaites & unes : mais les Dieux créés agissent, dans les particulieres qui leur sont commises, d'une maniere différente. Ainsi Mars gouverne les guerres dans les nations; Minerve leur distribue & leur inspire la prudence; Mercure les instruit plutôt de ce qui orne leur esprit, que de ce qui peut les

plus le patron de leur village, que Dieu leur Souverain Seigneur : cependant leur saint n'a d'autre pouvoir que d'invoquer dans le Ciel l'Etre suprême en faveur de celui qui le prie, de lui accorder son intercession. Je sçais que les protestans disent : mais pourquoi ne pas s'adresser à Dieu tout de suite ? Je réponds à cela, qu'il a plu au Seigneur d'établir un rapport entre l'Eglise militante, & l'Eglise triomphante; c'est à dire, entre les chrétiens & les saints; par conséquent le culte de ces derniers n'a rien que de très raisonnable, malgré tous les reproches, & tous les argumens captieux des hérétiques. Nous verrons dans la suite, que Julien nous fournit une autorité pour prouver, que les Chrétiens dès les premiers siecles, & long temps avant Constantin, s'assembloient pour prier sur le tombeau des martyrs.

στην ουσίαν τῶν οἰκείων θεῶν ἕπεται καὶ τὰ ἐπιτροπευόμενα παρὰ σφῶν ἔθη. Εἰ μὲν οὖν ου μαρτυρεῖ τοῖς ἡμετέροις λόγοις ἡ πεῖρα, πλάσμα μὲν ἔστω τὰ παρ᾽ ἡμῶν, καὶ πιθανότης ἄκαιρος· τὰ παρ᾽ ὑμῖν δὲ ἐπαινείσθω. εἰ δὲ πᾶν τοὐναντίον, οἷς μὲν ἡμεῖς λέγομεν ἐξ αἰῶνος ἡ πεῖρα μαρτυρεῖ, τοῖς ὑμετέροις δὲ λόγοις οὐδὲν οὐδαμοῦ φαίνεται συμφωνοῦν· τί ταύτης τῆς φιλονεικίας ἀντέχεσθε; Λεγέσθω γάρ μοι, τίς αἰτία τοὺς Κελτοὺς μὲν καὶ Γερμανοὺς εἶναι θρασεῖς, Ἕλληνας δὲ καὶ Ῥωμαίους ὡς ἐπίπαν πολιτικοὺς καὶ φιλανθρώπους, μετὰ τοῦ στερροῦ τε καὶ πολεμικοῦ· συνετωτέρους δὲ καὶ τεχνικωτέρους Αἰγυπτίους· ἀπολέμους δὲ καὶ τρυφηλοὺς Σύρους, μετὰ τοῦ συνετοῦ, καὶ θερμοῦ, καὶ κούφου, καὶ εὐμαθοῦς. Ταύτης γὰρ τῆς ἐν τοῖς ἔθνεσι δια-

les rendre audacieuses. Les Peuples suivent les impressions, & les notions qui leur sont données par les Dieux qui les gouvernent. Si l'expérience ne prouve pas ce que nous disons, nous consentons que nos opinions soient regardées comme des fables, & les vôtres comme des vérités. Mais si une expérience toujours uniforme & toujours certaine, a vérifié nos sentimens, & montré la fausseté des vôtres, aux quels elle n'a jamais répondu; pourquoi conservez-vous une croyance aussi fausse que l'est la vôtre? Apprennez-nous, s'il est possible, comment les Gaulois & les Germains sont audacieux, les Grecs & les Romains policés & humains, cependant courageux & belliqueux? les Egyptiens sont ingénieux & spirituels? les Syriens, peu propres aux armes, sont prudents, rusés, dociles? S'il n'y a pas une cause & une raison de la diversité des mœurs & des inclinations de ces nations, & qu'elle soit produite par le hazard,

il

ἀφορᾶς, εἰ μὲν ἐδεμίαν τις αἰτίαν συνορῴη, μᾶλλον δὲ αὐτὰ φησὶ καὶ ἐκ τᾶ αὐτομάτᾶ συμπεσεῖν, πῶς ἔτι προνοίᾳ διοικεῖθαι τὸν κόσμον οἴεταί τις; εἰ δὲ τέτων αἰτίας εἶναι τίθεται, λεγέτω μοι πρὸς αὐτᾶ τᾶ δημιεργᾶ καὶ διδασκέτω.

Τὰς μὲν γὰρ νόμες εὔδηλον, ὡς ἡ τῶν ἀνθρώπων ἔθετο φύσις οἰκείως ἑαυτῇ· πολιτικὰς μὲν καὶ φιλανθρώπες, οἷς ἐπὶ πλεῖςον ἐντέθραπτο τὸ φιλάνθρωπον· ἀγρίες δὲ καὶ ἀπανθρώπες, οἷς ἐναντία φύσις ὑπῆν καὶ ἐνυπῆρχε τῶν ἠθῶν. Οἱ γὰρ νομοθέται μικρὰ τᾶς φύσεσι καὶ τᾶς ἐπιτηδειότησι διὰ τῆς ἀγωγῆς

προσ-

---

23 *Ou par les Dieux à qui il a confié le soin des nations.*

il faut nécessairement en conclure qu'aucune providence ne gouverne le monde. Mais si cette diversité si marquée est toujours la même, & est produite par une cause; qu'on m'apprenne d'où elle vient, si c'est directement par le Dieu suprême, *ou par les Dieux* [33] *à qui il a confié le soin des nations.*

Il est constant qu'il y a des loix établies chez tous les hommes, qui s'accordent parfaitement aux notions & aux usages de ces mêmes hommes. Ces loix sont humaines & douces chez les Peuples qui sont portés à la douceur: elles sont dures & même cruelles chez ceux dont les mœurs sont féroces. Les différents Législateurs, dans les instructions qu'ils ont données aux nations, se sont conformés à leurs idées; ils ont fort peu ajouté & changé à leurs principales coutumes. C'est pourquoi les Scythes regarderent Anacharsis

J'ai ajoûté cela pour rendre la pensée de Julien plus claire.

προσέθεσαν· ἐκᾶν Ἀνάχαρσιν οἱ Σκύθαι βακχεύοντα παρεδέξαντο, ἐδὲ τῶν ἐσπερίων ἐθνῶν εὕροις ἄν τινας εὐκόλως, πλὴν ὀλίγων σφόδρα, ἐπὶ τὸ φιλοσοφεῖν ἠγμένες, ἢ τὸ γεωμετρεῖν, ἢ ἐπί τι τῶν τοιέτων ηὐτρεπισμένες, καί τοι κρατέσης ἐπὶ τοσέτον ἤδη τῆς Ῥωμαϊκῆς ἡγεμονίας· ἀλλ' ἀπολαύεσι μόνον τῆς διαλέξεως καὶ τῆς ῥητορείας οἱ λίαν εὐφυεῖς,

34 Si Julien vivoit aujourd'hui, ou qu'il pût revenir dans ce monde ; il seroit forcé de convenir en voyant les ouvrages de Descartes, de Newton & de Leibnitz, qu'il s'est trompé en accusant les peuples d'Occident de n'être pas propres à l'étude de la philosophie, ni à celle de la géométrie ; peut être diroit-il, pour s'excuser, que le Dieu suprême avoit fait un changement dans le département des Dieux subalternes, chargés de la conduite des peuples ; que ceux qui gouvernoient la

fis comme un insensé, parcequ'il avoit voulu introduire des loix contraires à leurs mœurs. La façon de penser des différentes nations ne peut jamais être changée entierement. L'on trouvera fort peu de peuples situés à l'occident, qui cultivent la philosophie & la géométrie, 34 & qui même soient propres à ce genre d'étude; quoique l'Empire Romain ait étendu si loin ses conquêtes. Si quelques-uns des hommes les plus spirituels de ces nations sont parvenus sans étude, à acquérir le talent de s'énoncer avec clarté, & avec quelque grace; c'est à la sim-

Grece avoient été employés en France; ceux qui régissoient l'Egypte, se trouvoient ministres de l'Angleterre; & ceux qui conduisoient les affaires de la Sicile & de Naples, avoient été chargés du soin de l'Allemagne; Julien auroit prétendu qu'il s'étoit fait un changement dans le département des ministres célestes semblable à ceux que nous voyons arriver quelque fois dans toutes les cours de l'Europe.

Φυεῖς, ἀλλ' ὐδὲ ὐδενὸς μεταλαμβάνυσι μαθήματος. ὕτως ἰσχυρὸν ἔοικεν ἡ Φύσις εἶναι. Τίς ἂν ἡ διαφορὰ τῶν ἐθῶν ἐν τοῖς ἔθνεσι καὶ τοῖς νομίμοις.

Ὁ μὲν γὰρ Μωσῆς αἰτίαν ἀποδέδωκε κομιδῇ μυθώδη τῆς περὶ τὰς διαλέκτους ἀνομοιότητος. ἔφη γὰρ, τοὺς υἱοὺς τῶν ἀνθρώπων συνελθόντας πόλιν ἐθέλειν οἰκοδομεῖν, καὶ πύργον ἐν αὐτῇ μέγαν· φάναι δὲ τὸν Θεὸν, ὅτι χρὴ κατελθεῖν, καὶ τὰς διαλέκτους αὐτῶν συγχέαι. καὶ ὅπως μή τις μὲ νομίσῃ ταῦτα συκοφαντεῖν, ἐκ τῶν Μωσέως τὰ ἐφεξῆς ἀναγνωσόμεθα. καὶ εἶπον δεῦτε οἰκοδομήσωμεν ἑαυτοῖς πόλιν καὶ πύργον, ὃ ἔσαι ἡ κεφαλὴ ἕως τῦ ὐρανῦ,

καὶ

15 Cette derniere phrase n'eſt point dans le Texte; mais elle ſert à en éclaircir le ſens.

simple force de leur génie qu'ils en sont redevables. D'où vient donc la différence éternelle des moeurs, des usages, des idées des nations ; *si ce n'est de la volonté des Dieux, à qui leur conduite a été confiée par le Dieu suprême ?* 35

Venons actuellement à la variété des langues, & voyons combien est fabuleuse la cause que Moïse lui donne. Il dit que les fils des hommes, ayant multiplié, voulurent faire une ville, & bâtir en milieu une grande tour: Dieu dit alors qu'il descendroit, & qu'il confondroit leur langage. Pour qu'on ne me soupçonne pas d'altérer les paroles de Moïse, je les rapporterai ici. 36 *Ils dirent* (les hommes) *venez, bâtissons une ville, & une tour, dont le sommet aille jusqu'au Ciel; & acquérons nous de la réputation avant que nous soyons dispersés sur la surface de la*

---

36 Genese Chap. XI. v. 4. 5. 6. 7. 8.

καὶ ποιήσωμεν ἑαυτοῖς ὄνομα πρὸ τῦ διασπαρῆναι ἐπὶ προσώπου πάσης τῆς γῆς· καὶ κατέβη κύριος ἰδεῖν τὴν πόλιν καὶ τὸν πύργον, ὃν ᾠκοδόμησαν οἱ υἱοὶ τῶν ἀνθρώπων. καὶ εἶπε κύριος· ἰδοὺ γένος ἓν, καὶ χεῖλος ἓν πάντων, καὶ τῦτο ἤρξαντο ποιῆσαι, καὶ νῦν ὐκ ἐκλείψει ἀπ' αὐτῶν πάντα, ὅσα ἂν ἐπιθῶνται ποιεῖν. δεῦτε καταβάντες ἐκεῖ, συγχέωμεν αὐτῶν τὴν γλῶσσαν, ἵνα μὴ ἕκαςος ἀκούωσι τῆς φωνῆς τῦ πλησίον. καὶ διέσπειρεν αὐτὰς κύριος ὁ Θεὸς ἐπὶ

37 *Aloïdes*, nom que l'on donna à Otus & Ephialtes, fils d'Aloée & d'Iphimédie; ou selon d'autres, de Neptune & d'Iphimédie, qui devint enceinte en allant tous les jours sur le rivage de la mer, où elle prenoit de l'eau & se la jettoit dans le sein. On dit que ces deux Jumeaux étant nés, Neptune leur donna une certaine qualité qui les faisoit croître tous les ans d'une coudée en grosseur, & d'une aune en hauteur : de sorte que

la terre. Et le Seigneur descendit pour voir la ville & la tour que les fils des hommes avoient bâties: & le Seigneur dit; voici, ce n'est qu'un même peuple, ils ont un même langage, & ils commencent à travailler; & maintenant rien ne les empêchera d'exécuter ce qu'ils ont projetté: Or ça descendons & confondons leur langage, afin qu'ils n'entendent pas le langage l'un de l'autre. Ainsi le Seigneur les dispersa de là par toute la terre, & ils cesserent de bâtir leur ville. Voilà les contes fabuleux, auxquels vous voulez que nous ajoûtions foi: & vous refusez de croire ce que dit Homere des Aloïdes, [37] qui mi-

dès l'age de neuf ans, ils étoient d'une grandeur prodigieuse. Alors ils se joignirent aux Géans, & déclarerent la guerre à Jupiter. Ils mirent le Dieu Mars dans les fers, d'où Mercure le délivra par adresse: Ephialtes prétendit avoir Junon pour femme; & Otus Diane pour la sienne, ce que Jupiter empêcha. Ils se rendirent souverains de l'Isle de Naxos, & délivrerent leur mere & leur sœur, qui y étoient retenues captives.

ἐπὶ πρόσωπον πάσης τῆς γῆς, καὶ ἐπαύσαντο οἰκοδομοῦντες τὴν πόλιν καὶ τὸν πύργον. Εἶτα τούτοις ἀξιοῦτε πιστεύειν, ἀπιστεῖτε δὲ ὑμεῖς τοῖς ὑφ' Ὁμήρου λεγομένοις ὑπὲρ τῶν Ἀλωειδῶν, ὡς ἄρα τρία ἐπ' ἀλλήλοις ὄρη θεῖναι διενοοῦντο, --- ἵν' οὐρανὸς ἀμβατὸς εἴη. Φημὶ μὲν γὰρ ἐγὼ, καὶ τοῦτο εἶναι παραπλησίως ἐκείνῳ μυθῶδες, ὑμεῖς δὲ τὸ πρότερον ἀποδεχόμενοι, ἀνθ'

Mais enfin Apollon & Diane les tuerent à coups de fleches. Longin, dans son Traité du sublime, dans le Chapitre 6, où il traite des sources du grand, cite l'endroit où Homere parle des Aloïdes, pour prouver que le grand se trouve souvent sans le pathétique; & qu'il se rencontre quantité de choses grandes & sublimes où il n'entre point du tout de passion. *Tel est*, ajoûte-t-il, *ce que dit Homere avec tant de hardiesse en parlant des Aloïdes;* ils menaçoient les immortels qu'ils porteroient la guerre jusque dans les Cieux &c. *ce qui suit est encore plus fort*: & ils l'auroient exécuté sans doute

mirent trois montagnes l'une fur l'autre pour fe faire un chemin jufqu'au Ciel. Je fais que l'une & l'autre de ces hiftoires font également fabuleufes : mais puifque vous admettez la vérité de la premiere, pourquoi refufez-vous de croire à la feconde ? ces contes font également ridicules : Je penfe qu'on ne doit pas ajoûter plus de foi aux uns qu'aux autres ; je crois-même que ces fables ne doivent pas être propofées comme des vérités à des hommes ignorans. Comment peut-on espérer de leur perfuader, que

Οἵ ῥα καὶ ἀθανάτοισιν ἀπειλήτην, ἐν ὀλύμπῳ
Φυλοπίδα στήσειν πολυάικος πολέμοιο.
Qui fane immortalibus minabantur, in olympo
Moturos certamen tumultuofi belli.

− − − − − − − − − −

καὶ νύ κεν ἐξετέλεσσαν . . . . & fortaffis perfeciffent. *Hom. Odif. lib. XI.* Remarquons ici que Longin traduit καὶ νύ κεν ἐξετέλεσσαν, par *& ils l'auroient exécuté fans-doute.* Tous les traducteurs d'Homere difent *& ils l'auroient exécuté peut-être*, ce qui diminue beaucoup le fublime de la penfée d'Homere.

ἀνθ᾽ ὅτου πρὸς θεῶν ἀποδοκιμάζετε τὸν Ὁμήρου μῦθον; ἐκεῖνο γὰρ οἶμαι δεῖν σιωπᾶν πρὸς ἄνδρας ἀμαθεῖς, ὅτι κἂν μιᾷ φωνῇ καὶ γλώσσῃ πάντες οἱ κατὰ πᾶσαν τὴν οἰκουμένην ἄνθρωποι χρήσωνται, πόλιν πρὸς τὸν οὐρανὸν ἀφικνουμένην οἰκοδομεῖν οὐ δυνήσονται, κἂν ἐκπλινθεύσωσι τὴν γῆν ἅπασαν. ἀπείρων γὰρ δεήσει πλίνθων ἰσομεγέθων τῇ γῇ ξυμπάσῃ τῶν δυνησομένων ἄχρι τῶν τῆς Σελήνης ἐφικέσθαι κύκλων. Ὑποκείσθω γὰρ, συνεληλυθέναι μὲν ἀνθρώπους πάντας γλώσσῃ καὶ φωνῇ μιᾷ χρωμένους· πᾶσαν δὲ τὴν γῆν ἐκπλινθεῦσαι καὶ ἐκλατομῆσαι· πότε ἂν μέχρις οὐρανοῦ φθάσειεν, εἰ καὶ λεπτότερον ἁρπεδόνος ἐκμηρυσμένων αὐτῶν ἐκταθείη; Τοῦτον ἂν τὸν μῦθον φανερὸν οὕτως ὄντα, νενομικότες ἀληθῆ, καὶ περὶ

τοῦ

que tous les hommes habitant dans une contrée, & se servant de la même langue, n'aient pas senti l'impossibilité de trouver, dans ce qu'ils ôteroient de la terre, assez de matériaux pour élever un bâtiment qui allât jusqu'au Ciel? il faudroit employer tout ce que les différens côtés de la terre contiennent de solide, pour pouvoir parvenir jusqu'à l'orbe de la lune. D'ailleurs quelle étendue les fondemens, & les premiers étages d'un semblable édifice ne demanderoient-ils pas? Mais supposons que tous les hommes de l'Univers se réunissant ensemble, & parlant la même langue, eussent voulu épuiser la terre de tous les côtés, & en employer toute la matiere pour élever un bâtiment; quand est-ce que ces hommes auroient pû parvenir au Ciel, quand même l'ouvrage qu'ils entreprenoient, eut été de la construction la plus simple? Comment donc pouvez-vous débiter & croire une fable

τȣ Θεοῦ δοξάζοντες, ὅτι πεφόβηται τῶν ἀνθρώπων ὁμοφωνίαν, τȣ́τȣ τε χάριν τὰς διαλέκτȣς
αὐτῶν συγχέῃ ἔτι τολμᾶτε Θεȣ̃ γνῶσιν
ἔχειν;

Ἐπάνειμι δὲ αὖθις πρὸς ἐκεῖνο. τὰς μὲν
γὰρ διαλέκτους ὅπως συνέχεεν ὁ Θεὸς, εἴρηκεν
ὁ Μωσῆς· τὴν μὲν αἰτίαν, ὅτι φοβηθεὶς μή τι
κατ᾽

38 Julien trouvoit dans la philosophie de Platon qu'il est absurde de prétendre que Dieu soit sujet aux passions des hommes; qu'il est indécent de soûtenir qu'il s'afflige, qu'il se réjouit: par conséquent la crainte que Moïse paroit donner à Dieu de l'entreprise de la tour de Babel, étoit directement contraire à l'idée que Platon avoit de la divinité, οὐκȣ̃ν εἰκός γε ἔτι χαίρειν θεȣ̀ς οὔτε τὸ ἐναντίον ΣΩΚ· πάνυ μὲν ἂν οὐκ εἰκός· ἄσχημον γοῦν αὐτῶν ἑκάτερον γιγνόμενόν ἐστιν. *An absurdum eos deos gaudere vel contra tristari? Socrat. absurdum omnino, indecens enim utrumque est.* Plat. in phile.

Platon soûtenoit encore qu'on n'exécutoit une chose & qu'on n'en venoit à bout, qu'autant qu'elle convenoit à Dieu, qui par sa toute puissance rendoit inutile tout ce qu'il ne permettoit-pas. La tour de Babel ne convenant pas à Dieu étoit donc impossible; & Julien pensoit que Moïse n'étoit pas fondé à dire qu'il avoit fallu

aussi puérile, & comment pouvez-vous vous attribuer la connoissance de Dieu; vous qui dites qu'il fit naître la confusion des langues, parcequ'il craignit les hommes? [38] Peut-on avoir une idée plus absurde de la Divinité!

Mais arrêtons-nous encore quelque tems sur ce que Moïse dit de la confusion des lan-

que Dieu descendit sur la terre pour en empêcher l'entière exécution. Εαν μεν τῷ θεῷ φίλον ᾖ, πανυ πολὺ ἐπιδώσεις, καὶ ταχύ· εἰ δὲ μὴ, οὐ. *Si deo gratum est, permultum quidem & brevi proficies; sin contra minime.* Plat. in thea.

Remarquons encore que toutes les fois que Julien veut s'appuyer sur la philosophie, & en porter les prétendues lumieres dans l'étude des Ecritures; il tombe toujours dans l'erreur. Nos philosophes modernes, qui cherchent aujourd'hui à allier la philosophie profane avec la sacrée, c'est-à-dire, les sentimens humains avec ceux de l'Evangile, devroient profiter de l'exemple de Julien, & concevoir une fois pour toutes que l'Ecriture doit être crue par la foi, & qu'elle n'a pas besoin du secours d'une philosophie trompeuse & sujette à égarer dans les choses qu'elle croit démontrer le plus clairement.

καθ' αὐτὰ πράξωσιν, ἑαυτοῖς προσβατὸν τὸν οὐρανὸν ἀπεργασάμενοι, ὁμόγλωτ]οι ὄν]ες καὶ ὁμόφρονες ἀλλήλοις. τὸ πρᾶγμα δὲ ὅπως ἐποίησεν; ὅτι κατελθὼν ἐξ οὐρανοῦ, μὴ δυνάμενος ἄνωθεν τοῦ]ο ποιεῖν, ὡς ἔοικεν, εἰ μὴ κατῆλθεν ἐπὶ τῆς γῆς. ὑπὲρ δὲ τῆς κατὰ τὰ ἔθη καὶ τὰ νόμιμα διαφορᾶς, ὅτε Μωσῆς οὔτε ἄλλος ἀπεσάφησέ τις· καί τοι τῷ παντὶ μείζων ἐςὶν ἡ περὶ τὰ νόμιμα καὶ τὰ πολιτικὰ τῶν ἐθῶν ἐν τοῖς ἀνθρώποις, τῆς περὶ τὰς διαλέκτους διαφορᾶς. Τίς γὰρ Ἑλλήνων ἀδελφῇ, τίς δὲ θυγατρί, τίς δὲ μητρί φησι δεῖν μίγνυσθαι; τοῦτο δὲ ἀγαθὸν Πέρσαις κρίνεται. τί με χρὴ

καθ'

langues. Il l'attribue à ce que Dieu craignit que les hommes, parlant un même langage, ne vinssent l'attaquer jusques dans le Ciel. Il en descendit donc apparemment pour venir sur la terre: car où pouvoit-il descendre ailleurs? ³⁹ c'étoit mal prendre ses précautions: puisqu'il craignoit que les hommes ne l'attaquassent dans le Ciel, à plus forte raison devoit-il les appréhender sur la terre. A l'occasion de cette confusion des langues, Moïse ni aucun autre Prophète n'a parlé de la cause de la différence des moeurs & des loix des hommes, quoiqu'il y ait encore plus d'opposition & de contrariété dans les moeurs & dans les loix des nations, que dans leur langage. Quel est le Grec qui ne regarde comme un crime de connoître charnellement sa mere, sa fille, & même sa soeur? Les Perses pensent différemment; ces

in-

---

³⁹ J'ai un peu étendu ici ma traduction.

καθ' ἕκαϛον ἐπιέναι, τὸ φιλελεύθερόν τε καὶ ἀνυπότακτον Γερμανῶν ἐπεξιόν]α, τὸ χειρόηθες καὶ]ιθασσὸν Σύρων, καὶ Περσῶν, καὶ Πάρθων, καὶ πάντων ἁπλῶς τῶν πρὸς ἕω καὶ πρὸς μεσημβρίαν βαρβάρων, καὶ ὅσα καὶ τὰς βασιλείας ἀγαπᾷ κεκτημένα δεσποτικωτέρας. Εἰ μὲν οὖν προνοίας ἄνευ μείζονος καὶ θειοτέρας ταῦτα συνηνέχθη, τὰ μείζω καὶ τιμιώτερα τί περιεργαζόμεθα, καὶ μάτην θεραπεύομεν τὸν μηδὲν προνοοῦντα; ᾧ γὰρ οὔτε βίων, οὔτε ἠθῶν, οὔτε τρόπων, οὔτε εὐνομίας, ὔτε πολι]ικῆς ἐμέλησε κα]αϛάσεως, ἆρ' ἔτι προσήκει μεταποιεῖθαι τῆς παρ' ἡμῶν τιμῆς; ἐδαμῶς. Ὁρᾶτε εἰς ὅσην ἡμῶν ἀτοπίαν ὁ λόγος ἔρχεται. τῶν γὰρ ἀγαθῶν ὅσα περὶ τὸν ἀνθρώ-

πινον

incestes ne sont point criminels chez eux. Il n'est pas nécessaire pour faire sentir la diversité des moeurs, que je montre combien les Germains aiment la liberté, avec quelle impatience ils sont soumis à une domination étrangere; les Syriens, les Perses, les Parthes sont, au contraire, doux, paisibles, ainsi que toutes les autres nations qui sont à l'orient & au midi. Si cette contrariété de moeurs, de loix, chez les différents peuples, n'est que la suite du hazard; pourquoi ces mêmes peuples, qui ne peuvent rien attendre de mieux de l'Etre Suprême, honorent-ils & adorent-ils un Etre dont la providence ne s'étend point sur eux? Car celui qui ne prend aucun soin du genre de vie, des moeurs, des contûmes, des reglemens, des loix, & de tout ce qui concerne l'état civil des hommes; ne sauroit exiger un culte de ces mêmes hommes qu'il abandonne au hazard, & aux ames desquels il ne prend

au-

πινον βίον θεωρεῖται, ἡγεῖται μὲν τὰ τῆς ψυχῆς, ἕπεται τὲ τὰ τῦ σώματος. εἰ τοίνυν τῶν ψυχικῶν ἡμῶν ἀγαθῶν καζωλιγώρησεν, ὅτε τῆς φυσικῆς ἡμῶν καζασκευῆς προνοησάμενος, ὅτε ἡμῖν, πέμψας διδασκάλυς ἢ νομοθέτας, ὥσπερ τοῖς Ἑβραίοις κατὰ τὸν Μωσέα, καὶ τὺς ἐπ' ἐκείνῳ προφήτας· ὑπὲρ τίνος ἕξομεν αὐτῷ καλῶς εὐχαριςεῖν; Ἀλλ' ὁρᾶτε μή ποζε καὶ ἡμῖν ἔδωκεν ὁ Θεὸς, ὃς ὑμεῖς ἠγνοήκαζε Θεύς τε καὶ προςάτας ἀγαθὺς, ὑδὲν ἐλάτζονας τῦ παρὰ τοῖς Ἑβραίοις ἐξ ἀρχῆς τιμωμένυ τῆς

Ἰυ-

40 Julien s'autorisoit encore ici du sentiment de Platon, qui bien loin de croire que Dieu choisissoit un peuple pour sa nation chérie, & abandonnoit les autres à leur sort; disoit „qu'il étoit aisé de démontrer „que Dieu ne prenoit pas moins de soin des petites

aucune part. Voyez combien votre opinion est ridicule dans les biens qui concernent les hommes: obfervons ici que ceux qui regardent l'efprit, font bien au deffus de ceux du corps. Si donc l'Etre Suprême a méprifé le bonheur de nos ames, n'a pris aucune part à ce qui pouvoit rendre notre état heureux, ne nous a jamais envoyé, pour nous inftruire, des Docteurs, des Légiflateurs; mais s'eft contenté d'avoir foin des Hébreux, de les faire inftruire par Moïfe & par les Prophétes; de quelle efqece de grace pouvons-nous le remercier? Loin qu'un fentiment auffi iujurieux à la Divinité Suprême, foit véritable, voyez combien nous lui devons de bienfaits qui vous font inconnus. 4° Elle nous

„chofes que des plus grandes, parceque poffédant tou-
„tes les vertus, il étendoit fa providence également
„fur toutes les créatures. Ἀλλ᾽ οὐδὲν τάχ᾽ ἄν ἴσως εἴη χαλεπὸν ἐνδείξασθαι τοῦτο γε ὡς ἐπιμελεῖς σμικρῶν εἰσι θεοὶ οὐχ ἧττον ἢ τῶν μεγέθει διαφερόντων· ἥκιστον γαρ

Ἰεδαίας, ἥσπερ ἐκεῖνος ἔλαχε μόνης προνοεῖν, ὥσπερ ὁ Μωσῆς ἔφη, καὶ οἱ μετ' ἐκεῖνον ἄχρις ὑμῶν. Εἰ δὲ ὁ προσεχὴς εἴη τᾶ κόσμε δημιεργὸς ὁ παρὰ τῶν Ἑβραίων τιμώμενος, ὅτι καὶ βέλτιον ὑπὲρ αὐτᾶ διενοήθημεν ἡμεῖς, ἀγαθά τε ἡμῖν ἔδωκεν ἐκείνων μείζονα, τά τε περὶ ψυ-

πε καὶ παρῆν τοῖς νῦν δὴ λεγομένοις, ὡς ἀγαθοί γε ὄντες πᾶσαν ἀρετὴν τὴν τῶν πάντων ἐπιμέλειαν οἰκειοτάτην αὐτῶν οὖσαν κέκτηνται. *Non erit forsan difficile demonstrare deos non minus minimarum rerum quam maximarum curam habere: quum præsertim paulo ante dictum fuerit eos omni virtute refertos providentiam omnium sibi propriam vendicare.* Plat. de legib. dial.

Il est certain qu'en ne faisant usage que de la raison, & mettant la foi à part, l'on ne peut comprendre comment Dieu avoit voulu de préference choisir pour son peuple bien aimé la plus méprisable & la plus inconnue nation de la terre, toujours rebelle à la loi qu'il lui avoit donnée, & toujours successivement esclave de ceux qui l'attaquoient en sorte que cette prédilection que Dieu avoit pour elle, sembloit réservée

nous a donné des Dieux & des Protecteurs qui ne sont point inférieurs à celui que les Juifs ont adoré dès le commencement, & que Moïse dit n'avoir eu d'autre soin que celui des Hébreux. La marque évidente que le Créateur de l'Univers a connu que nous avions de lui une notion plus exacte & plus conforme à sa nature, que n'en avoient

pour une autre vie dont elle avoit une très foible connoissance, Moïse ne lui en ayant rien appris. Mais si l'on considere ce que dit St. Paul, que Dieu a choisi les choses folles de ce monde pour rendre confus les sages *sed mundi stultissima Deus elegit, ut sapientes confutaret.* On ne s'étonnera plus qu'il ait plûtôt pris pour son peuple les Juifs dans un état abject, que les Grecs & les Romains dans un état de gloire; & qu'il ait préferé les Rabins & les Docteurs du Sanhedrin à Platon, à Aristote, à Ciceron, à Caton, dont il vouloit abaisser la vanité, en montrant le néant de toutes les connoissances qu'ils faisoient paroître. „Il „est écrit j'abolirai la sagesse des sages, & j'anéantirai „l'intelligence des hommes intelligens." *Scriptum est enim perdam sapientiam sapientium & prudentiam prudentium reprobabo.* Paul epist. I. ad corinth. cap 2.

ψυχὴν καὶ τὰ ἐκτὸς, ὑπὲρ ὧν ἐροῦμεν ὀλίγον ὕσερον· ἔσειλέ τε καὶ ἐφ' ἡμᾶς νομοθέτας, ἐδὲν Μωσέως χείρονας, εἰ μὴ τὰς πολλὰς μακρῷ κρείττονας.

Ὅπερ ἂν ἐλέγομεν, εἰ μὴ καθ' ἕκαςον ἔθνος ἐθνάρχης τις ὁ Θεὸς ἐπιτροπεύων ἦν, ἄγγελός τε ὑπ' αὐτῷ καὶ δαίμων, καὶ ψυχῶν ἰδιάζον γένος ὑπηρετικὸν καὶ ὑπεργικὸν τοῖς κρείττοσιν, ἔθετο τὴν ἐν τοῖς νόμοις καὶ τοῖς ἤθεσι διαφορότητα· δεικνύσθω παρ' ἄλλῃ πῶς γέγονε ταῦτα. Καὶ γὰρ ἐδὲ ἀπόχρη λέγειν,

ὥπερ

avoient les Juifs; c'est qu'il nous a comblés de biens, qu'il nous a donné en abondance ceux de l'esprit & ceux du corps, comme nous le verrons dans peu. Il nous a envoié plusieurs Législateurs, dont les moindres n'étoient pas inférieurs à Moïse; & les autres lui étoient bien supérieurs.

S'il n'est pas vrai que l'Etre Suprême a donné le gouvernement particulier de chaque nation à un Dieu, à un Génie qui régit & protege un certain nombre d'êtres animés qui sont commis à sa garde, aux moeurs & aux loix des quels il prend part; qu'on nous apprenne d'où viennent, dans les loix & les moeurs des hommes, les différences qui s'y trouvent. Répondre que cela se fait par la volonté de Dieu, c'est ne nous appendre rien. Il ne suffit pas d'écrire dans un Livre: *Dieu a dit, & les choses ont été faites*; car il faut voir, si ces choses qn'on dit avoir été faites par la vo-

εἶπεν ὁ Θεὸς, καὶ ἐγένετο· ὁμολογεῖν δὲ χρὴ τοῖς ἐπιτάγμασι τῶ Θεῶ τῶν γινομένων τὰς φύσεις. ὃ δὲ λέγω σαφέςερον ἐρῶ. Ἐκέλευσε Θεὸς ἄνω φέρεϑαι τὸ πῦρ εἰ τύχοι, κάτω δὲ τὴν γῆν· ἐχ, ἵνα τὸ πρόςαγμα τῶ Θεῶ γένηται, τὸ μὲν ἐχρῆν κῦφον εἶναι, τὸ δὲ βρίϑειν; ἔτω καὶ ἐπὶ τῶν ἑτέρων ὁμοίως. καὶ μεϑ᾽ ἕτερα τὸν αὐτὸν τρόπον καὶ ἐπὶ τῶν ϑείων. Αἴτιον δὲ, ὅτι τὸ μὲν τῶν ἀνϑρώπων ἐπίκηρόν ἐςι καὶ φϑαρτὸν γένος. εἰκότως ἂν αὐτῶ φϑαρτὰ καὶ τὰ

---

[4] J'ai étendu ici un peu ma traduction, pour rendre

lonté de Dieu, ne font pas, contraires à l'effence des chofes: au quel cas elles ne peuvent avoir été faites par la volonté de Dieu,
qui ne peut changer l'effence des chofes.
Je m'expliquerai plus clairement. Par
exemple, Dieu commanda que le feu s'élé-
vât, & que la terre fût au deffous. Il falloit donc que le feu fût plus léger & la terre
plus pefante. 41 Il en eft ainfi de toutes les
chofes. Dieu ne fauroit faire que l'eau fût
du feu, & le feu de l'eau en même tems; parceque l'effence de ces élémens ne peut permettre ce changement, même par le pouvoir
divin. Il en eft de même des effences divines
que des mortelles: elles ne peuvent être changées. D'ailleurs il eft contraire à l'idée que nous
avons de Dieu, de dire qu'il exécute des chofes
qu'il fait être contraires à l'ordre, & qu'il
veut détruire ce qui eft bien felon fa nature.
Les

plus clairement le fens du texte.

τὰ ἔργα, καὶ μετάβλητα, καὶ παντοδαπῶς τρεπόμενα. τῷ Θεῷ δὲ ὑπάρχοντος ἀϊδίῳ, καὶ τὰ προςάγματα τοιαῦτα εἶναι προσήκει. Τοιαῦτα δὲ ὄντα, ἤ τοι φύσεις εἰσὶ τῶν ὄντων, ἢ τῇ φύσει τῶν ὄντων ὁμολογύμενα. πῶς γὰρ ἂν ἡ φύσις τῷ προςάγματι μάχοιτο τῷ Θεῷ; πῶς δ᾽ ἂν ἔξω πίπτοι τῆς ὁμολογίας; ἀκᾶν εἰ καὶ προσέταξεν ὥσπερ τὰς γλώσσας συγχυθῆναι καὶ μὴ συμφωνεῖν ἀλλήλαις, ὅτω δὲ καὶ τὰ πολιτικὰ τῶν ἐθνῶν, ἀκ ἐπιτάγματι μόνον ἐποίησεν αὐτὸ, καὶ πεφυκέναι δὲ ἡμᾶς πρὸς ταύτην κατεσκεύασε τὴν διαφωνίαν.

ἐχρῆν

Les hommes peuvent penser d'une maniere aussi peu juste, parcequ'étant nés mortels, ils sont foibles, sujets aux passions & portés au changement. Mais Dieu étant éternel, immuable, ce qu'il a ordonné doit l'être aussi. Toutes les choses qui existent sont produites par leur nature, & conformes à cette même nature. Comment est-ce que la nature pourroit donc agir contre le pouvoir divin, & s'éloigner de l'ordre, dans lequel elle doit être nécessairement? Si Dieu donc avoit voulu que non-seulement les langues des nations, mais leurs mœurs & leurs loix fussent confondues, & changées tout à coup; cela étant contraire à l'essence des choses, il n'auroit pu le faire par sa seule volonté; il auroit fallu qu'il eût agi selon l'essence des choses: or il ne pouvoit changer les différentes natures des êtres, qui s'opposoient invinciblement à ce changement subit. Ces différentes natures s'apperçoi-

ἐχρῆν γὰρ πρῶτον διαφόρους ὑπεῖναι Φύσεις τῶν ἐν τοῖς ἔθνεσι διαφόρως ἐσομένων. Ὁρᾶται γοῦν τοῦτο καὶ τοῖς σώμασιν, εἴ τις ἀπίδοι, Γερμανοὶ καὶ Σκύθαι Λιβύων καὶ Αἰθιόπων ὁπόσον διαφέρουσιν· ἆρα καὶ τοῦτό ἐςι ψιλὸν ἐπίταγμα, καὶ οὐδὲν ὁ ἀὴρ, οὐδὲ ἡ χώρας τῷ πῶς ἔχειν πρὸς τὰ οὐράνια θέσις συμπράτ]ει;

Ὅτι δὲ ὁ Μωσῆς εἰδὼς ἐπεκάλυπ]ε καὶ τοιοῦτον, οὐδὲ τὴν τῶν διαλέκτων σύγχυσιν ἀνατέθεικε τῷ Θεῷ μόνον· Φησὶ γὰρ αὐτὸν οὐ μόνον κατελθεῖν, οὐδὲ ἕνα συγκατελθεῖν αὐτῷ, πλείονας δὲ, καὶ τούτους οἵ τινες εἰσὶν οὐκ εἶπεν

εὔ-

vent non feulement dans les efprits, mais encore dans les corps des hommes nés dans différentes nations. Combien les Germains & les Scythes ne font-ils pas entierement différens des Africains & des Ethiopiens? Peut-on attribuer une auffi grande différence au fimple ordre qui confondit les langues; & n'eft-il pas plus raifonnable d'en chercher l'origine dans l'air, dans la nature du climat, dans l'afpect du Ciel, & chez les Dieux qui gouvernent ces hommes dans des climats oppofés l'un à l'autre?

Il eft évident que Moïfe a connu cette vérité; mais il a cherché à la déguifer & à l'obfcurcir. C'eft ce qu'on voit clairement, fi l'on fait attention qu'il a attribué la divifion des langues, non à un feul Dieu, mais à plufieurs. Il ne dit pas que Dieu defcendit feul ou accompagné d'un autre; il écrit, *qu'ils de-*

εὔδηλον δὲ ὅτι παραπλησίας αὐτῷ τὰς συγκαλιόντας ὑπελάμβανε. εἰ τοίνυν πρὸς τὴν τῶν

42 Δεῦτε καὶ καταβάντες συγχέωμεν αὐτῶν ἐκεῖ τὴν γλῶσσαν, ἵνα μὴ ἀκούσωσιν ἕκαστος τὴν φωνὴν τοῦ πλησίον. *Or ça descendons, & confondons leur langage afin qu'ils n'entendent pas le langage l'un de l'autre* Gen. Chap. XI. v. 7. Il faut obferver que le mot grec Δεῦτε *deute* dont les Septante fe fervent dans leur Traduction, n'eſt point littéralement rendu par les traducteurs latins, qui difent *age*, courage, & par les françois qui traduifent *or ça:* car Δεῦτε *deute* veut dire *venez-ici, foyez préſent*. Le mot *Deute* avoit trompé Julien, ainfi que ce qui le fuit dans le refte du verfet, qui doit être interprété mot à mot; *Allons, venez, defcendons & confondons leur langage.*

Plufieurs Commentateurs de la Bible, fentant que le mot *Deute* emporte néceffairement avec lui une apoftrophe, & qu'il ne peut être employé que lorfqu'une perfonne parle à une autre, ont expliqué ce paffage par la Trinité. Ils fuppofent que Dieu le Pere s'addreffe au fils & au S. Efprit. Les anciens Peres fe font fervis de cet endroit de la Genefe pour prouver la Trinité. C'eft ce qu'on peut voir dans la *Doctrine des tems* du Pere Petau Chap. XIV. Mais les Docteurs de l'Eglife qui vinrent après eux, ne furent pas de leur fentiment; ils prétendirent que Dieu s'adreffoit aux Anges, qui avoient produit le changement des langues, Dieu s'étant fervi dans cette occafion de leur miniftere. Cette opinion fembloit

descendirent [42] *plusieurs.* Il est donc certain qu'il a cru que ceux qui descendirent avec Dieu favoriser celle de Julien, qui regardoit les Anges de l'Ecriture comme *les Dieux créés* de Platon.

Les Juifs comprirent combien ce passage pouvoit autoriser la croyance de la pluralité des Dieux; ils le changerent dans la Traduction des Septante; c'est ce qu'a observé le Pere Calmet. „Les Septantes de nos Editions „ordinaires, *dit-il,* lisent comme la Vulgate, *Descendons „& confondons* &c. Mais anciennement, dit la Chroni-„que des Juifs du second Temple, ils lisoient, *Je descen-„drai & je verrai.* Ce qu'ils avoient mis, dit-on, pour „ne pas donner lieu aux Gentils de dire, que les Juifs „croyoient la pluralité des Dieux." *Comment. litt. sur la Gen. par le P. Calmet* pag. 123. Je croirois assez volontiers que la raison qui obligea les Peres du quatrieme Siècle à abandonner le sentiment de ceux des deux premiers, & de substituer les Anges à la place de la Trinité, fut la même que celle que les Juifs avoient eue de changer la Traduction des Septante. Le dogme de la Trinité étant entierement inconnu aux Payens, il fallut, pour ne pas leur donner le prétexte d'expliquer cet endroit de l'Ecriture en faveur de la pluralité des Dieux, substituer les Anges à la Trinité. C'est par la même raison, que l'on voit la doctrine des Peres être souvent différente d'un Siecle à l'autre: ils expliquoient diversement certains passages obscurs, selon les opinions qu'ils

τῶν διαλέκτων σύγχυσιν ἐχ ὁ Κύριος μόνος, ἀλλὰ καὶ οἱ σὺν αὐτῷ τὰς διαλέκτες συγχέοντες, εἰκότως ἂν ὑπολαμβάνοιντο ταύτης εἶναι τῆς διαςάσεως αἴτιοι.

Τί ὖν ἐν μακροῖς εἰπεῖν βελόμενος, τοσαῦτα ἐπεξῆλθον; ὡς εἰ μὲν ὁ προσεχὴς εἴη τῦ κόσμε δημιεργὸς ὁ κηρυττόμενος ὑπὸ τῦ Μωσέως, ἡμεῖς ὑπὲρ αὐτῦ βελτίες ἔχομεν δόξας, οἱ κοινὸν μὲν ἐκεῖνον ὑπολαμβάνοντες ἁπάντων δεσπότην, ἐθνάρχας δὲ ἄλλες, οἳ τυγχάνουσι μὲν ὑπ' ἐκεῖνον, εἰσὶ δὲ ὥσπερ ὕπαρχοι βασιλέως, ἕκαςος τὴν ἑαυτῦ διαφερόντως

avoient à combattre. Cela rend encore plus difficile le véritable sens de ces passages. Finissons cette remarque par ce que dit S. Augustin, sur ce verset de la Genese. „On pourroit entendre ici la Trinité, & dire que „le Pere s'adressant au Fils & au S. Esprit, leur dit, *Ve-* „*nez descendons, & confondons leur langage,* si quelque „chose empêchoit qu'on ne le pût entendre des Anges.

Dieu étoient d'autres Dieux. N'est-il pas naturel de penser que s'ils se trouverent à la confusion des langues, & s'ils en furent la cause, ils furent aussi celle de la diversité des mœurs & des loix des nations, lors de leurs dispersion.

Pour réduire en peu de mots ce dont je viens de parler amplement, je dis que si le Dieu de Moïse est le Dieu Suprême, le Créateur du monde; nous l'avons mieux connu que le Législateur Hébreu, nous qui le regardons comme le Pere & le Roi de l'Univers dont il a été le Créateur. Nous ne croyons pas que parmi les Dieux qu'il a donnés aux peuples, & aux quels il en a

con-

„Mais ces paroles leur conviennent mieux, parceque „c'est principalement à eux à s'approcher de Dieu par „de saints mouvements, c'est à dire, par de pieuses pen- „sées, & à consulter les oracles de la vérité immuable, „qui leur sert de loi éternelle dans leur bienheureux „séjour.„ *La Cité de Dieu de S. Aug. Liv. XVI. Chap. VI.*

τως ἐπανορθάμενος φροντίδα, καὶ ὰ καθίσαμεν αὐτόν ὐδὲ ἀντιμερίτην τῶν ὑπ' αὐτὸν Θεῶν καθισαμένων. Εἰ δὲ μερικόν τινα τιμήσας ἐκεῖνος, ἀνατίθησιν αὐτῷ τὴν τῦ παντὸς ἡγεμονίαν, ἄμεινον τὸν τῶν ὅλων Θεὸν ἡμῖν πειθομένως ἐπιγνῶναι μετὰ τῦ μηδὲ ἐκεῖνον ἀγνοῆσαι, ἢ τὸν τῦ ἐλαχίστου μέρους εἰληφότα τὴν ἡγεμονίαν ἀντὶ τῦ πάντων τιμᾶν δημιουργῦ.

Ὁ νόμος ἐστὶν ὁ τῦ Μωσέως θαυμαστὸς, ἡ δεκάλογος ἐκείνη· ὰ κλέψεις, ὰ φονεύσεις, ὰ ψευδομαρτυρήσεις. γεγράφθω δὲ αὐτοῖς ῥήμασιν ἑκάστη τῶν ἐντολῶν, ἃς ὑπ' αὐτῦ φησι τῦ Θεῦ γεγράφθαι· ἐγώ εἰμι κύριος ὁ Θεός σε, ὅστις ἀνήγαγόν σε ἐκ γῆς Αἰγύπτου.

---

43 Deuteronome Chap. V. v. 19.

confié le foin, il ait favorisé l'un beaucoup plus que l'autre. Mais quand même Dieu en auroit favorisé un, & lui auroit attribué le gouvernement de l'Univers; il faudroit croire que c'est à un de ceux qu'il nous a donnés, qu'il a accordé cet avantage. N'est-il pas plus naturel d'adorer à la place du Dieu Suprême, celui qu'il auroit chargé de la domination de tout l'Univers; que celui au quel il n'auroit confié le foin que d'une très-petite partie de ce même Univers?

Les Juifs vantent beaucoup les loix de leur Décalogue. *Tu ne voleras point.* 43 *Tu ne tueras pas. Tu ne rendras pas de faux témoignages.* Ne voilà-t-il pas des loix bien admirables, & aux quelles il a fallu beaucoup penser pour les établir! Plaçons ici les autres préceptes du Décalogue, que Moïse assure avoir été dictés par Dieu même. *Je* 44 *suis le*

---

44 Id. v. 6.

7ɤ. δευτέρα μετὰ τῦτο· ἐκ ἔσονταί σοι Θεοὶ ἕτεροι πλὴν ἐμῦ. ὐ ποιήσεις σεαυτῷ εἴδωλον. καὶ τὴν αἰτίαν προστίθησιν· ἐγὼ γὰρ εἰμὶ κύριος ὁ Θεός σɤ, ἀποδιδὺς ἁμαρτίας πατέρων ἐπὶ τέκνα, Θεὸς ζηλωτής. ὐ λήψῃ τὸ ὄνομα κυρίɤ τῦ Θεῦ ἐπὶ ματαίῳ. μνήσθητι τὴν ἡμέραν τῶν σαββάτων. τίμα σɤ τὸν πατέρα καὶ τὴν μητέρα. ὐ μοιχεύσεις. ὐ Φονεύσεις. ὐ κλέψεις. ὐ ψευδομαρτυρήσεις. ἐκ ἐπιθυμήσεις τὰ τῦ πλησίɤ σɤ· ποῖον ἔθνος ἐςί, πρὸς τῶν θεῶν, ἔξω τῦ, ὐ προσκυνήσεις θεοῖς ἑτέροις, καὶ τῦ, μνήσθητι τῶν σαββάτων, ὃ μὴ τὰς ἄλλας οἴεται χρῆναι φυλάτ7ειν ἐντολάς; ὡς καὶ τιμωρίας κεῖσθαι τοῖς παραβαίνɤσιν, ἐνιαχῦ μὲν σφοδροτέρας, ἐνιαχῦ δὲ παραπλησίας ταῖς παρὰ Μωσέως νομοθετηθείσαις, ἔςι δὲ ὅπɤ καὶ φιλανθρωποτέρας.

Ἀλλὰ

le Seigneur ton Dieu, qui t'ai retiré de la terre d'Egypte. Tu n'auras point d'autre Dieu que moi. Tu ne te feras pas des simulacres. En voici la raison. *Je suis le Seigneur ton Dieu; qui punis les péchés des Peres sur les Enfans; car je suis un Dieu jaloux. Tu ne prendras pas mon nom en vain. Souviens-toi du jour du Sabbat. Honore ton Pere & ta Mere. Ne commets pas d'adultere. Ne tue point. Ne rends pas de faux temoignage, & ne désire pas le bien de ton prochain.* Quelle est la nation qui connoisse les Dieux, & qui ne suive pas tous ces preceptes, si l'on en excepte ces deux, *souviens toi du Sabbat, & n'adore pas les autres Dieux?* Il y a des peines ordonnées par tous les peuples contre ceux qui violent ces loix. Chez certaines Nations, ces peines sont plus Séveres que chez les Juifs; chez d'autres elles sont les mêmes que parmi les Hébreux: quelques Peuples en ont établies de plus humaines.

Ἀλλὰ τὸ, ὐ προσκυνήσεις θεοῖς ἑτέροις, ὃ δὴ μέγα τῆς περὶ τὸν Θεόν φησι διαβολῆς· Θεὸς γὰρ ζηλωτής, φησι. καὶ ἐν ἄλλοις, ὁ Θεὸς ἡμῶν πῦρ καταναλίσκον. εἶτα ἄνθρωπος ζηλωτὴς καὶ βάσκανος ἄξιός σοι εἶναι φαίνεται μέμψεως· ἐκθειάζεις δὲ, εἰ ζηλότυπος ὁ Θεὸς λέγεται; Καί τοι πῶς εὔλογον ὅτω φανερὸν πρᾶγμα τῦ Θεῦ καταψεύδεσθαι; καὶ γὰρ εἰ ζηλότυπος, ἄκοντος αὐτῦ πάντες οἱ θεοὶ προσκυνῦνται; καὶ πάντα τὰ λοιπὰ τῶν ἐθνῶν τὺς Θεὺς προσκυνεῖ. εἶτα πῶς ὐκ ἀνέστειλεν αὐτὸ ὁ ζηλῶν

ὅτω,

Mais confidérons ce paffage: *Tu n'adoreras point les Dieux des autres nations.* Ce discours eft indigne de l'Etre Suprême, qui devient, felon Moïfe, un Dieu jaloux. Auffi cet Hébreu dit-il, dans un autre endroit, *Nôtre Dieu eft un feu dévorant.* Je vous demande fi un homme jaloux & envieux ne vous paroît pas digne de blâme? comment pouvez-vous donc croire que Dieu foit fufceptible de haine & de jaloufie, lui qui eft la fouveraine perfection? eft-il convenable de parler auffi mal de la nature, de l'effence de Dieu; de mentir auffi manifeftement? Montrons plus clairement l'abfurdité de vos opinions. Si Dieu eft jaloux, il s'enfuit néceffairement que les autres Dieux font adorés malgré lui: cependant ils le font par toutes les autres nations. Or pour contenter fa jaloufie, pourquoi n'a t-il pas empêché, que les hommes ne rendiffent un culte à d'autre Dieu qu'à lui? En agiffant ainfi, ou il

ὕτω, καὶ μὴ βυλόμενος τὰς ἄλλυς προσκυνεῖσθαι, ἀλλὰ μόνον ἑαυτόν; ἆρ᾽ ὐχ οἷός τε ἦν, ἢ ὐδὲ τὴν ἀρχὴν ἐβυλήθη κωλύσαι, μὴ προσκυνεῖσθαι καὶ τὰς ἄλλυς Θεύς; ἀλλὰ τὸ μὲν πρῶτον, ἀσεβὲς, τὸ λέγειν ὡς ὐκ ἐδύνατο· τὸ δεύτερον δέ, τοῖς ἡμετέροις ἔργοις ὁμολογεῖ. ἄφετε τῦτον τὸν λῆρον, καὶ μὴ τηλικαύτην ἐφ᾽ ὑμᾶς αὐτὺς ἕλκετε βλασφημίαν.

Εἰ γὰρ ὐδένα θέλει προσκυνεῖσθαι, τῦ χάριν τὸν Ὑιὸν τῦτον προσκυνεῖτε, καὶ ὃν ἐκεῖ-

---

45 *Des erreurs qui vous rendent odieux à tous les gens qui pensent* ἄφετε τῦτον τὸν λῆρον καὶ μὴ τηλικαύτην ἐφ᾽ ὑμᾶς αὐτὺς ἕλκετε βλασφημίαν· *mot à mot*

a manqué de pouvoir, ou au commencement il n'a pas voulu défendre le culte des autres Dieux; il l'a toléré & même permis. La premiere des ces propositions est impie; car qui peut borner la puissance de Dieu? La seconde soumet Dieu à toutes les foiblesses humaines: il permet une chose, & la défend ensuite par jalousie; il souffre pendant long-tems que toutes les nations tombent dans l'erreur. N'est-ce pas agir comme les hommes les moins louables, que de permettre le mal pouvant l'empêcher? [45] Cessez de soutenir des erreurs qui vous rendent odieux a tous les gens qui pensent.

Allons plus avant. Si Dieu veut être seul adoré, pourquoi, Galiléens, adorez-vous ce prétendu fils que vous lui donnez, qu'il

Eloignez ces folies, & n'attirez pas sur vous une si grande exécration.

ἐκεῖνος ἴδιον ὔτε ἐνόμισεν, ὐθ' ἡγήσαῖο πώποῖε; καὶ δείξω γε τῦτο ῥᾳδίως. ὑμεῖς δὲ, ὐκ οἶδ' ὅθεν, ὑποβλητὸν αὐτῷ προσίθεῖε.

Τί δή; τύτοις ὐδαμῦ χαλεπαίνων ὁ Θεὸς φαίνεται, ὐδὲ ἀγανακτῶν, ὐδὲ ὀργιζόμενος, ὐδὲ ὀμνύων, ὐδὲ ἐπ' ἀμφότερα ταχέως ῥέπων, ὡς ὁ Μωσῆς φησιν ἐπὶ τῦ Φινεές; εἰ τις ὑμῶν ἀνέγνω τὰς Ἀριθμὰς, οἶδεν ὅ λέγω· ἐπειδὴ γὰρ τὸν τελεσθέντα τῷ Βεελφεγὼρ, μετὰ τῆς ἀναπεισάσης αὐτὸν γυναικὸς αὐτοχειρίᾳ λαβὼν ἀπέκτεινε αἰχρῷ καὶ ὀδυνηροτάτῳ τραύματι παύσας τὴν γυναῖκα,

πε-

⁴⁶ *Et de mettre un autre à sa place.* ὑμεῖς δὲ ὐκ οἶδ' ὅθεν, ὑποβλητὸν αὐτῷ προσίθεῖε mot à mot; *Je ne sais pas pourquoi vous lui donnez un substitut.* Julien calomnie les Chrétiens mal à propos: car il savoit qu'ils ne croyoient qu'un seul & unique Dieu en trois personnes. Il avoit été long-tems Chrétien: pouvoit-il ignorer le mistere de la Trinité?

qu'il ne connut jamais, & dont il n'a aucune idée? Je ne sais par quelle raison vous vous efforcez de lui donner un substitut, & de mettre un autre à sa place. 46

Il n'est aucun 47 mortel aussi sujet à la violence des passions, que le Dieu des Hébreux. Il se livre sans cesse à l'indignation, à la colere, à la fureur: il passe dans un moment d'un parti à l'autre. Ceux qui parmi vous, Galiléens, ont lû le Livre auquel les Hébreux donnent le nom de *Nombres*, connoissent la vérité de ce que je dis. Après que l'homme, qui avoit amené une Madianite qu'il aimoit, eut été tué lui & cette fem-

---

47 *Aussi sujet à la violence des passions, que le Dieu des Hébreux.* Il m'a fallu, pour rendre plus claire la pensée de Julien, lui donner plus d'étendue qu'elle n'en a dans le texte ὁ Θεὸς φαίνεται ȣδὲ ἀγανακτῶν, ȣδὲ ὀργιζόμενος, ȣδὲ ὀμνύων, ȣδὲ ἐπ' ἀμφότερα ταχέως ῥέπων, ὡς ὁ Μωσῆς φησὶν ἐπὶ τȣ Φινεές· mot à mot. *Dieu ne paroît jamais se fâcher, se livrer à la colere, jurer, passer d'un parti à l'autre, comme Moïse le dit au sujet de Phinées.*

πεποίηται λέγων ὁ Θεός· Φινεὲς υἱὸς Ἐλεαζάρȣ, υἱȣ̃ Ἀαρὼν τȣ̃ ἱερέως, κατέπαυσε τὸν θυμόν μȣ ἀπὸ τῶν υἱῶν Ἰσραὴλ, ἐν τῷ ζηλῶσαί μȣ τὸν ζῆλον ἐν αὐτοῖς· καὶ ȣ̓κ ἐξανήλωσα τὰς υἱὰς Ἰσραὴλ, ἐν τῷ ζήλῳ μȣ. Τί κȣφότερον τῆς αἰτίας, δι᾽ ἣν ὁ Θεὸς ὀργισθεὶς ȣ̓κ ἀληθῶς ὑπὸ τȣ̃ γράψαντος ταῦτα πεποίηται; τί δὲ ἀλογώτερον, εἰ δέκα ἢ πέντε καὶ δέκα, κείσθω δὲ ἑκατὸν, ȣ̓κ ἐρȣ̃σι γὰρ χιλίȣς· θῶμεν δὲ ἡμεῖς καὶ τοσȣ́τȣς τολμήσαντάς τι τῶν ὑπὸ τȣ̃ Θεȣ̃ τεταγμένων νόμων παραβῆναι· ἑξακοσίας ἐχρῆν διὰ τὰς ἅπαξ χιλίȣς ἀναλω-

48 Nomb. ch. XXV. verſ. 10. 11. & 12.
49 Voyez, un homme des enfans d'Iſrael vint, & amena à ſes freres Madianite: ce que Phinées fils d'Eléazar ayant vû, il ſe leva du milieu de l'aſſemblée, & prit une javeline en main, & il entra vers l'homme Iſraélite dans

femme par un coup de javeline, Dieu dit à Moïse: [48] *Phinées fils d'Eléasar, fils d'Aron le Sacrificateur, a détourné ma colere de dessus les Enfans d'Israel, parcequ'il a été animé de mon zele au milieu d'eux, & je n'ai point consumé & réduit en cendres les enfans d'Israel par mon ardeur.* Peut-on voir une cause plus légere, que celle pour laquelle l'Ecrivain Hébreu représente l'Etre Suprême livré à la plus terrible colere? & que peut-on dire de plus absurde & de plus contraire à la nature de Dieu? Si dix hommes, quinze si l'on veut, mettons en cent, allons plus avant, mille ont désobéi aux ordres de Dieu; faut-il pour punir dix hommes & même mille, en faire périr vingt quatre mille, [49] com-

---

la tente, & les transperça tous deux par le ventre, l'homme israélite & la femme; & la plaie fut arrêtée de dessus les enfans d'Israel; & il y en eut vingt quatre mille qui moururent de cette plaie. *Nomb. ch.* XXV. *vers.* 6. *& suiv.* Je me sers de la traduction de Martin.

λωθῆναι χιλιάδας; Ὡς ἔμοιγε κρεῖττον εἶναι τῷ παντί φαίνεται, χιλίοις ἀνδράσι βελτίςοις ἕνα συνδιασῶσαι πονηρὸν, ἢ συνδιαφθεῖραι τὺς χιλίας ἑνί. Εἶτα τύτοις μακρὺς προσυφαίνει λόγυς, μὴ δὴ χρῆναι, λέγων, τὸν ὐρανὕ καὶ γῆς ποιητὴν ἀγρίοις ὕτω κεχρῆϑαι θυμοῖς, ὡς καὶ ἅπαν ἐθελῆσαι πολλάκις τὸ τῶν

Ἰυ-

50 *Le Dieu de Moïse*, j'ai ajouté ces mots pour lier le fens, parcequ'il y a ici une affez grande lacune. S. Cyrille abrege le texte de Julien, & dit *apres un long enchainement de paroles, Julien veut prouver que le créateur du ciel &c.* εἶτα τύτοις μακρὺς προσυφαίνει λόγυς, μὴ δὴ χρῆναι λέγων τὸν ὐρανὕ καὶ γῆς ποιητὴν ἀγρίοις ὕτω κεχρῆςϑαι θυμοῖς.

51 La maniere dont Moïfe repréfente Dieu, fe livrant à la colere & à la vengeance, devoit paroître abfurde à Julien prévenu en faveur de la philofophie de Platon; car ce philofophe s'éleve par tout contre la vengeance: il prétend que faire une injure à quel-qu'un eft le plus grand des maux; & qu'il eft cent fois plus à propos de

comme il arriva dans cette occaſion? Combien n'eſt-il pas plus conforme à la nature de Dieu, de ſauver un coupable avec mille innocens, que de perdre un coupable en perdant mille innocens? Le [50] Dieu de Moïſe, que cet Hébreu apelle le Créateur du Ciel & de la terre, ſe livre à de ſi grands excès de colere, qu'il a voulu pluſieurs fois détruire entierement la nation des Juifs, cette nation qui lui étoit ſi chere. [51] Si la violen-

---

ſouffrir une offenſe, que de la faire à ſon prochain. ΣΩ· οὕτως, ὡς μέγιστον τῶν κακῶν τυγχάνει ὂν τὸ ἀδικεῖν; ΠΩ· πῆ γὰρ τοῦτο μέγιστον; οὐ τὸ ἀδικεῖσθαι μεῖζον ΣΩ· ἥκιστά γε. ΠΩ· σὺ ἄρα βούλοιο ἂν ἀδικεῖσθαι μᾶλλον ἢ ἀδικεῖν; ΣΩ. βουλοίμην μὲν ἂν ἔγωγε οὐδέτερα· εἰ δ' ἀναγκαῖον εἴη ἀδικεῖν ἢ ἀδικεῖσθαι, ἑλοίμην ἂν μᾶλλον ἀδικεῖσθαι ἢ ἀδικεῖν. *Sic inferre injuriam malorum omnium maximum eſt. PO. quonam pacto id maximum eſt? nonne pejus eſt injuriam pati? SO minime PO. ipſe igitur mallesne injuriam pati quam inferre? SOC equidem neutrum vellem, at ſi neceſſe foret injuriam facere aut pati, accipere injuriam quam inferre mallem. Plut. in gorg.*

Ἰεδαίων γένος δαπανῆσαι. εἰ γὰρ καὶ ἑνὸς ἡρώων καὶ ἐκ ἐπισήμε, δαίμονος, δύσοιςος ἡ ὀργή χώραις τε καὶ πόλεσιν ὁλοκλήροις· τίς ἂν ὑπέςη τῶ τοσότε Θεῶ, δαίμοσιν, ἢ ἀγγέλοις, ἢ καὶ ἀνθρώποις ἐπιμηνίσαντος;

Ἄξιόν γε ἐςὶ παραβαλεῖν αὐτὸν τῇ Λυκέργε πραότητι, καὶ τῇ Σόλωνος ἀνεξικακίᾳ, ἢ τῇ Ῥωμαίων πρὸς τὸς ἠδικηκότας ἐπιεικείᾳ καὶ χρηςότητι.

Πόσῳ δὲ δὴ τὰ παρ' ἡμῶν τῶν παρ' αὐτοῖς κρείτ]ονα, καὶ ἐκ τῶνδε σκοπεῖτε. μιμεῖσθαι

Si à cette maxime, si équitable, & si utile dans la société, l'on ajoute l'opinion que Platon avoit „que „le mal de quelque espece qu'il fût, ne pouvoit jamais „émaner de Dieu; & que lorsqu'il arrivoit, il falloit en chercher un autre cause.„ On ne s'étonnera plus que Julien, privé du secours de la foi & de cette obéissance qu'elle exige, n'ait pas approuvé la maniere dont Moïse s'exprime sur la colere & la vengeance de Dieu. καὶ τῶν μὲν ἀγαθῶν ἐδένα ἄλλον ἢ θεὸν αἰτιατέον.

lence d'un génie, si celle d'un simple héros peut être funeste à tant de villes, qu'arriveroit-il donc aux démons, aux anges, à tous les hommes sous un Dieu aussi violent & aussi jaloux que celui de Moïse?

Comparons maintenant, non Moïse, mais le Dieu de Moïse, à Lycurgue qui fut un Législateur sage, à Solon qui fût doux & clément, aux Romains qui userent de tant de bonté & de tant d'équité envers les criminels.

Apprenez, Galiléens, combien nos loix & nos mœurs sont préférables aux vôtres.

Nos

τῶν δὲ Κακῶν ἀλλ' ἄτ]α δεῖ ζητεῖν τὰ αἴτια ἀλλ' ἐ τὸν θεόν. Plat. II. de repub. dial. *Et bonorum quidem solus Deus causa est dicendus: malorum autem quamlibet aliam præter Deum causam quærere decet* Plat. II. de repub. dial.

Il est bon de remarquer ici que Julien rejette, dès le commencement de son ouvrage, toutes les fables que le peuple débitoit d'après les poëtes qui en avoient rempli leurs vers: ainsi loin d'ajouter foi à ce que

μῶσθαι κελεύυσιν ἡμᾶς οἱ φιλόσοφοι κατὰ δύναμιν τὰς Θεάς. ταύτην δὲ εἶναι τὴν μίμησιν ἐν θεωρίᾳ τῶν ὄντων. ὅτι δὲ τᾶτο δίχα πάθας ἐςὶ καὶ ἐν θεωρίᾳ κεῖται, πρόδηλόν ἐςι πᾶ, κᾀν ἐγὼ μὴ λέγω· καθ᾽ ὅσον ὅτι ἐν ἀπαθείᾳ γινόμενοι, τεταγμένοι περὶ τὴν θεωρίαν τῶν ὄντων, κατὰ τοσᾶτον τῷ Θεῷ ἐξομοιάμεθα. Τίς δὲ ἡ παρ᾽ Ἑβραίοις τᾶ Θεᾶ μίμησις; ὀργὴ, καὶ θυμὸς, καὶ ζῆλος ἄγριος. Φινεὲς γὰρ, φησὶ, κατέπαυσε τὸν θυμόν μα, ἐν τῷ ζηλῶσαι τὸν ζῆλόν μα ἐν υἱοῖς Ἰσραήλ. εὑρὼν γὰρ ὁ Θεὸς τὸν ἀγανακτᾶντα καὶ συναλγᾶντα,

φαί-

l'on difoit de Diane & d'Apollon qui avoient tué à coup de fleches les enfans de Niobé, & à mille autres contes de cette efpece ; il croit, ainfi que le dit Platon, que les Dieux ne peuvent jamais être les auteurs d'au-

Nos Législateurs & nos Philosophes nous ordonnent d'imiter les Dieux, autant que nous pouvons; ils nous prescrivent, pour parvenir à cette imitation, de contempler & d'étudier la nature des choses. C'est dans la contemplation, dans le recueillement, & les réflexions de l'ame sur elle-même, que l'on peut acquérir les vertus qui nous approchent des Dieux, & nous rendent, pour ainsi dire, semblables à eux. Mais qu'apprend chez les Hébreux l'imitation de leur Dieu? elle enseigne aux hommes à se livrer à la fureur, à la colere, & à la jalousie la plus cruelle. *Phinées*, dit le Dieu des Hébreux, *a appaisé ma fureur, parcequ'il a été animé de mon zele contre les Enfans d'Israel.* Ainsi le Dieu des Hé-

cun mal, & par conséquent se mettre en colere, faire périr non seulement quelques particuliers, mais des peuples entiers, en donnant même la mort aux enfants à la mamelle.

Tom. I.   I

Φαίνεται ἀφεὶς τὴν ἀγανάκτησιν. Ταῦτα καὶ τοιαῦτα ἕτερα περὶ Θεοῦ πεποίηται λέγων ὁ Μωσῆς ἐκ ὀλιγαχοῦ τῆς γραφῆς.

Ὅτι δὲ ἐχ Ἑβραίων μόνον ἐμέλησε τῷ Θεῷ, πάντων δὲ ἐθνῶν κηδόμενος, ἔδωκεν ἐκείνοις μὲν ὐδὲν σπεδαῖον ἢ μέγα, ἡμῖν δὲ ἐ μικρῷ κρείττονα, καὶ διαφέροντα, σκοπεῖτε λοιπὸν τὸ ἐντεῦθεν. Ἔχεσι μὲν εἰπεῖν καὶ Αἰγύπτιοι παρ᾽ ἑαυτοῖς ἀπαριθμέμενοι σοφῶν ἐκ ὀλίγων ὀνόματα, πολλὰς ἐσχηκέναι τὰς ἀπὸ τῆς Ἑρμοῦ διαδοχῆς, Ἑρμοῦ δέ φημι τοῦ τρίτον τῇ Αἰγύπτῳ ἐπιδημήσαντος. Χαλδαῖοι δὲ

5ᵃ Et l'Eternel parla à Moïſe, en diſant: Phinées, fils d'Eléazar, fils d'Aaaron, a appaiſé ma colere de deſſus les enfans d'Iſrael, parcequ'il a été animé de mon zele au milieu d'eux, & c'eſt pourquoi je n'ai pas conſumé les enfans d'Iſrael par mon ardeur. Nomb. chap. XXV. verſ. 10. & 11. *Tum Jova Moſen ſic eſt allocutus, Phinees Eleazari filius, Aaronis Pontificis nepos, ſuo iſto erga me ſtudio, quod in Iſraelitis praeſtitit,*

Hébreux cesse d'être en colere, [52] s'il trouve quelqu'un qui partage son indignation & son chagrin. Moïse parle de cette maniere en plusiers endroits des ses Ecrits.

Nous pouvons prouver évidemment, que l'Etre Suprême ne s'en est pas tenu à prendre soin des Hébreux, mais que sa bonté & sa providence se sont étendues sur toutes les autres nations; elles ont même reçu plus de graces que les Juifs. Les Egyptiens ont eu beaucoup de Sages qui ont fleuri chez eux, & dont les noms sont connus. Plusieurs de ces Sages ont succédé à Hermès: je parle de ce Hermès, qui fut le troisieme de ce nom qui

---

meam ab eis excandescentiam avertit, in causaque fuit ut ego eos meo impetu non omnino conficerem. Voilà la traduction de Castellion d'après le texte hébreu; elle ne dit pas, que Dieu ait voulu *bruler* les Israélites, mais qu'il a voulu les *détruire:* la traduction françoise, que je cite, est conforme à celle des Septante: enfin quoiqu'il en soit, être détruit c'est toujours périr; ainsi les traductions different de peu.

δὲ καὶ Ἀσσύριοι τὰς ἀπ' Ἄννȣ καὶ Βήλȣ. μυρίȣς δὲ Ἕλληνες τὰς ἀπὸ τȣ̃ Χείρωνος· ἐκ τȣ́τȣ γὰρ πάντες ἐγένοντο τελεςικοὶ φύσει καὶ θεολογικοὶ, καθὸ δὴ μόνον Ἑϐραῖοι δοκȣ̃σι τὰ ἑαυτῶν ἀποσεμνύνειν. (Εἶτα καταςκώπτει τὸν μακάριον Δαϐὶδ καὶ Σαμψὼν, καὶ ȣ̓ σφόδρα γενέϑαι φησὶν αὐτȣ̀ς ἐν ταῖς μάχαις

53 Mais *David & Samson*. J'ai mis le mot de *Mais*, pour pouvoir suppléer à la lacune qui se trouve ici ; car S. Cyrille abrege le Texte de Julien, & dit : εἶτα κατασκώπτει τὸν μακάριον Δαϐὶδ, καὶ Σαμψὼν, καὶ ȣ̓ σφόδρα γενέϑαι φησὶν αὐτȣ̀ς ἐν ταῖς μάχαις &c. A propos de ces choses *Julien se moque de David & de Samson, & dit qu'ils furent des guerriers méprisables.*

54 David mérita par sa pénitence & par le sincere repentir de ses fautes, la qualité de prophete, que Dieu lui donna ; mais l'on ne peut voir qu'avec horreur les excès de cruauté dans lesquels il tomba quelquéfois ; & l'on ne sauroit assez admirer la miséricorde infinie

qui vint en Egypte. Il y a eu chez les Caldéens & chez les Aſſiriens un grand nombre de philoſophes depuis Annus & Belus; & chez les Grecs une quantité conſidérable depuis Chiron, parmi les quels il y a eu des hommes éclairés, qui ont perfectionné les arts, & interprèté les choſes divines. Les Hébreux ſe vantent ridiculement d'avoir tous ces grands hommes dans un ſeul. 53 Mais David & Samſon méritent plutôt le mépris que l'eſtime des gens éclairez. 54 Ils ont d'ailleurs

de Dieu en faveur des pécheurs véritablement repentants, quand on conſidere que l'aſſaſſinat d'Urie exécuté par l'ordre de David, qui prit Betſabé la femme de cet infortuné, eſt un des moindres crimes commis par ce Roi.

Quand à Samſon, il n'eſt pas ſurprenant que Julien qui n'ajoutoit aucune foi à l'Ecriture, & qui ne croyoit pas les miracles qui y ſont rapportés, ait regardé comme des fables abſurdes, ce que l'on diſoit des choſes qu'avoit faites Samſon: la premiere hiſtoire que nous liſons dans le livre des juges eſt plus qu'étonnante: „Samſon donc s'en alla, & prit trois cens renards; il

μάχαις ἀλκιμωτάτους, ἀλλὰ τῆς Αἰγυπτίων καὶ Ἑλλήνων εὐσθενείας, καὶ μόλις μέχρι τῶν τῆς

„prit auſſi des flambeaux, & il tourna les renards, „queues contre queues, & mit un flambeau entre les „deux queues tout au milieu: puis il mit le feu aux „flambeaux, & lâcha les renards aux blés des Phi-„liſtins qui étoient ſur pied; & il brula tant le blé „qui étoit en gerbe, que celui qui étoit ſur pied, „même juſqu'aux vignes & aux Oliviers. Juges „Chap, XV. v. 4. 5.

Si Julien, qui n'avoit pas la foi, ne pouvoit croire comment une pareille hiſtoire pouvoit avoir eu lieu, il comprenoit encore moins la bataille que Samſon avoit gagnée avec le ſecours d'une arme, dont les Romains n'avoient pas connu l'uſage. „Et ayant „trouvé une machoire d'âne, qui n'étoit pas encore „deſſèchée, il avança ſa main, la prit, & il en tua „mille hommes." Id. 16. verſ. 16. Mais ce que l'hi-ſtorien du livre des Juges rapporte enſuite eſt encore plus merveilleux. „Et il eut une fort grande ſoif, & „il cria à l'Eternel diſant; tu as mis en la main de „ton ſerviteur cette grande victoire, & maintenant „mourrai-je de ſoif, & tomberai-je entre les mains des „incirconcis? alors Dieu fendit une des groſſes dents „de cette machoire d'âne, & il en ſortit de l'eau; „& quand Samſon eut bu, l'eſprit lui revint. Id. „ib. verſ. 18. 19.

leurs été si médiocres dans l'art de la guerre, & si peu comparables aux Grecs, qu'ils n'ont pû

Si toutes les actions de Samson furent prodigieuses, sa mort ne le fut pas moins. Après que Delila sa femme, qui avoit voulu plusieurs fois le livrer aux Philistins, fut enfin venue à bout de savoir ce qui lui donnoit tant de force; elle en priva Samson en lui coupant les cheveux. Ensuite les Philistins s'en étant saisi, s'assemblerent ,, & ayant le cœur joyeux ils dirent: ,, faites venir Samson, afin qu'il nous fasse rire; ils ,, appellerent donc Samson, & ils le tirerent de la prison, ,, & il se jouoit devant eux, & ils le firent tenir entre ,, les piliers.... or la maison étoit pleine d'hommes ,, & de femmes, & tous les Gouverneurs des Philistins ,, y étoient; il y avoit même sur le toit près de trois mil- ,, le personnes tant hommes que femmes, qui regar- ,, doient Samson se jouer..... Samson donc embras- ,, sa les deux piliers du milieu, sur lesquels la maison ,, étoit appuyée, & se tint à eux, l'un des quels étoit ,, à sa main droite & l'autre à sa gauche, & il dit que ,, je meure avec les Philistins: il s'étendit donc de tou- ,, te sa force, & la maison tomba sur les gouverneurs, ,, & sur tout le peuple qui y étoit, & il fit mourir beau- ,, coup plus de gens en sa mort, qu'il n'en avoit fait ,, mourir en sa vie. Id. ib. chap. XVI. vers. 23. 27. 29. 30. Dépouillons nous pour un instant de tous préjugés, & voyons s'il étoit possible que Julien, privé du secours de

τῆς Ἰυδαίας τερμάτων τὸ μέτρον αὐτοῖς ὡρίσθαι τῆς βασιλείας.)

Ἀλλὰ ἀρχὴν ἡμῖν ἔδωκεν ἐπιστήμης, ἢ μάθημα φιλοσόφων· καὶ ποῖον; ἡ μὲν γὰρ περὶ τὰ φαινόμενα θεωρία παρὰ τοῖς Ἕλλησιν ἐτελειώθη, τῶν πρώτων τηρήσεων παρὰ τοῖς βαρβάροις γενομένων ἐν Βαβυλῶνι. ἡ δὲ περὶ τὴν

la foi, pût croire qu'on avoit attaché un flambeau à la queue de trois cents renards, pour bruler & dévaster les campagnes des Philistins; que mille hommes avoient été tués par un seul avec une machoire d'âne qui n'étoit pas encore seche, & qu'une fontaine étoit ensuite sortie d'une dent de cette machoire. Je sais que tout cela est vrai, quelque fabuleux qu'il paroisse, parceque je me sers ici de la maxime de St. Augustin, qu'on ne peut rejetter un miracle de l'Ecriture, qu'on ne les rejette tous, & que s'il y en avoit un de faux, il faudroit que tous les autres le fussent aussi. Nous avons déjà rapporté ce que ce Pere dit à ce sujet. Ainsi un chrétien ne peut nier les miracles de Samson, sans nier en même tems tous ceux qui sont rapportés dans l'Ecriture: Je crois donc fermement ce que la Bible dit de Samson, & je n'examine pas comment cela

pû étendre leur domination au de là des bornes [55] d'un très-petit pays.

Diéu a donné à d'autres nations, qu'à celle des Hébreux, la connoiſſance des ſciences & de la philoſophie. L'Aſtronomie, ayant pris naiſſance chez les Babiloniens, à été perfectionnée par les Grecs; la Géométrie, inventée par les Egyptiens, pour faciliter la juſte

peut avoir eu lieu: mais Julien étoit païen, ennemi du Chriſtianiſme: pouvoit-il donc s'empêcher de traiter de contes ridicules des choſes qu'on oſeroit à peine mettre dans des contes de fées? qui peut ſe figurer qu'une maiſon, dont le toit peut porter & contenir trois mille perſonnes, ne s'appuie que ſur deux piliers, aſſez près l'un de l'autre pour être touchés & pris tous les deux, à la fois, & en même tems, par un ſeul homme. Je le répete encore; il eſt injuſte de condamner un philoſophe païen & de l'injurier, comme fait St. Cyrille, pour ne pas ajouter foi à un miracle qui exige toute la ſoumiſſion qu'un chrétien doit à la Bible, pour qu'il le regarde comme tel.

[55] *Des bornes d'un très petit pays* μέχρι τῶν τῆς Ἰυδαιας τερμάτων .... της βασιλειας το μετρον *mot a mot leur Empire étoit contenu dans les bornes de la Judée.*

τὴν γεωμετρίαν, ἀπὸ τῆς γεωδαισίας τῆς ἐν Αἰγύπτῳ τὴν ἀρχὴν λαβοῦσα, πρὸς τοσοῦτον μέγεθος ηὐξήθη. τὸ δὲ περὶ τὰς ἀριθμοὺς ἀπὸ τῶν Φοινίκων ἐμπόρων ἀρξάμενον, τέως εἰς ἐπισήμης παρὰ τοῖς Ἕλλησι κατέστη πρόσχημα. Τὰ δὲ τρία, μετὰ τῆς συναρίθμου μουσικῆς, Ἕλληνες εἰς ἓν συνῆψαν, ἀστρονομίαν γεωμετρίᾳ προστυθήναντες, ἀμφοῖν δὲ τοὺς ἀριθμοὺς προσαρμόσαντες, καὶ τὸ ἐν τούτοις ἐναρμόνιον καταστήσαντες. ἐντεῦθεν ἔθεντο τὴν παρὰ σφίσιν μουσικήν, τοὺς ὅρους εὑρόντες τῶν ἁρμονικῶν λόγων, πρὸς τὴν τῆς ἀκοῆς αἴσθησιν ἄπταιστον ὁμολογίαν, ἢ ὅτι μάλιστα τούτου ἐγγύς.

Πότε-

55 L'avantage, dont Julien fait ici mention a été méprisé avec raifon des premiers Chrétiens, parcequ'ils ne voyoient point la véritable science, dans toutes celles dont parle Julien, qui eft celle de la Sageffe. La Géométrie, l'Arithmétique, la Mufique ont une vérité qui leur eft propre: mais aucune de ces fciences n'eft celle de la piété, qui confifte à connoître les

juste division des terres, a été poussée au point où elle est aujourdhui, par ces mêmes Grecs. Ils ont encore réduit en art, & fait une science utile des nombres, dont la connoissance avoit commencé chez les Phéniciens. Les Grecs se servirent ensuite de la Géométrie, de l'Astronomie, de la connoissance des nombres, pour former un troisieme art. Aprez avoir joint l'Astronomie à la Géométrie, & la propriété des nombres à ces deux sciences, ils y unirent la modulation, formerent leur musique, la rendirent mélodieuse, harmonieuse, capable de flatter l'oreille par les accords & par la juste proportion des sons. [56]

Con-

Ecritures, à entendre les Prophetes, à croire aux Evangiles, & à ne pas ignorer les Prophéties. *Geometria, Arithmetica, & Musica habent in sua scientia veritatem. Sed non est scientia illa, scientia pietatis: scientia pietatis est nosse scripturas, & intelligere Prophetas, Evangelia credere, Prophetas non ignorare.* Hieronim. in Epist. ad Titum. pag. 60. St. Augustin mé-

Πότερον ἂν χρή με κατ' ἄνδρα ὀνομάζειν καὶ τὰ ἐπιτηδεύματα, ἢ τὰς ἀνθρώπους; οἷον Πλάτωνα, Σωκράτην, Ἀριστείδην, Κίμωνα, Θαλῆν, Λυκοῦργον, Ἀγησίλαον, Ἀρχίδαμον· ἢ μᾶλλον, τὸ τῶν φιλοσόφων γένος, τὸ τῶν στρατηγῶν, τὸ τῶν δημιουργῶν, τὸ τῶν νομοθετῶν. εὑρεθήσονται γὰρ οἱ μοχθηρότατοι καὶ βδελυρώτατοι τῶν στρατηγῶν ἐπιεικέστερον

χρη-

prise, encore plus que St. Jerome, toutes ces sciences si fort vantées par Julien. L'Astrologie, dit ce savant Pere de l'Eglise, la Géométrie, & les autres sciences de cette espece, sont méprisées par nous, parcequ'elles n'ont rien qui ait raport au salut: au contraire, elles nous jettent souvent dans l'erreur & nous éloignent de Dieu. *Astrologia & Geometria & alia hujusmodi ideo despecta sunt a nostris, quia nihil ad Salutem pertinent, sed magis mittunt in errorem & a Deo avocant.* Aug. de Ordine

Continuerai-je de parler des différentes sciences qui ont fleuri dans toutes les nations; ou bien ferai-je mention des hommes, qui s'y sont distingués par leurs lumieres & par leur probité? Platon, Socrate, Aristide, Cimon, Thalès, Licurgue, Agésilas, Archidamus; enfin, pour le dire en un mot, les Grecs ont eu un peuple de Philosophes, de grands Capitaines, de Législateurs, d'habiles artistes; & même les Généraux d'armée, qui parmi eux ont été regardés comme les plus cruels & les plus scélérats, ont agi, envers ceux qui les avoient offensés, avec beaucoup plus de

---

disciplinæ pag. 167. Peut on rien voir de si absurde, dit S. Ambroise, que de s'appliquer à l'Astronomie, à la Géométrie, de mesurer les espaces immenses de l'air, & d'abandonner l'étude de notre salut, en cherchant de tomber dans l'erreur? *Quid tam absurdum obscurum quam de Astronomia & Geometria tractare, & profunda aëris spatia metiri; relinquere causas salutis, errores quærere.* Ambros. in lib. I. Officior. pag. 17.

χρησάμενοι τοῖς τὰ μέγιϛα ἠδικηκόσιν, ἢ Μωσῆς τοῖς ἐδὲν ἐξημαρτηκόσιν.

Τίνα

57 Ils marcherent en guerre contre les Madianites, comme l'Eternel l'avoit commandé, & ils en tuérent tous les mâles. Nomb. Chap. XXI. v. 7. En ce tems-là nous primes toutes les Villes de Sihon, & nous détruisîmes, à la façon de l'interdit, toutes les villes où étoient les hommes, les femmes, & les petits enfans, & nous n'y laissâmes personne de reste. Deut. Chap. II. v. 24. L'Eternel notre Dieu livra aussi entre nos mains Hog, le Roi de Basan, & tout son peuple, & nous les détruisîmes, à la façon de l'interdit, comme nous avions fait à Sihon, Roi de Hesbon, détruisant à la façon de l'interdit toutes les villes, les femmes & les enfans. Deut. chap. 3. v. 3. & 6.

Cette maniere de détruire les peuples *à la façon de l'interdit*, façon que renouvellerent les Papes & les Inquisiteurs contre les Vaudois & les Hussites, paroissoit étonante à Julien, qui ne considéroit pas que Dieu nous a appris plusieurs fois, qu'il punit la faute des peres sur les enfans, & que dans les secrets de sa providence il chatie toujours avec sagesse & récompense de même; Julien, dis-je, étoit étonné des dévastations que Moïse avoit faites dans plusieurs pays, dont il avoit fait périr les hommes, les femmes, & les enfans: cela paroissoit d'autant plus condamnable à ce Prince,

de douceur & de clémence, que Moïse à l'égard de ceux de qui il n'avoit reçu aucune offense. ⁵⁷

De marchant dans les ténebres de la philosophie, qu'il avoit appris dans Platon, qu'il étoit beaucoup plus honteux de faire une injure que de la recevoir. Ἐγὼ γὰρ δὴ οἶμαι, καὶ ἐμὲ καὶ σὲ καὶ τοὺς ἄλλους ἀνθρώπους, τὸ ἀδικεῖν τοῦ ἀδικεῖσθαι κάκιον ἡγεῖσθαι. *Arbitror equidem & me, & te, & alios homines æstimare, pejus esse facere injuriam quam accipere.* Plat. in Gorg.

Lorsqu'on lit dans le Vieux Testament tous les meurtres, tous les brigandages que les Juifs ont commis avant d'être établis dans la Palestine, on n'est pas fâché que l'Eglise catholique ait défendu au Peuple la lecture d'un livre qui peut lui persuader, qu'il est des occasions où il est beau & vertueux de tuer des enfans à la mammelle après avoir massacré sans pitié leur pere & leur mere. Nous l'avons dit souvent, & nous le redisons encore, il n'est rien de plus prudent que la maxime de la Cour de Rome, de ne permettre la lecture de la Bible qu'à ceux qui peuvent n'en point abuser. Si le Dominicain Clément avoit lu les Evangiles, au lieu de lire le livre de Judith, il n'auroit pas assassiné Henri III. il auroit vû dans l'Evangile qu'il faut rendre à Dieu ce qui est à Dieu, & à Cesar ce qui appartient à Cesar, & il ne trouvoit dans l'histoire

Τίνα ἂν ὑμῖν ἀπαγγείλω βασιλείαν; πότερα τὴν Περσέως, ἢ τὴν Αἰακῦ, ἢ Μίνω τῦ Κρητὸς, ὃς ἐκάθηρε μὲν λῃϛευομένην τὴν θάλασσαν, ἐκβαλὼν καὶ ἐξελάσας τὰς βαρβάρους ἄχρι Συρίας καὶ Σικελίας ἐφ᾽ ἑκάτερα προβὰς τοῖς τῆς ἀρχῆς ὁρίοις, ὐ μόνων τῶν νήσων, ἀλλὰ καὶ τῶν παραλίων ἐκράτει. καὶ διελόμενος πρὸς τὸν ἀδελφὸν Ῥαδάμανθυν, ὅτι τὴν γῆν, αλλὰ τὴν ἐπιμέλειαν τῶν ἀνθρώπων. αὐτὸς μὲν ἐτίθει παρὰ τῦ Διὸς λαμβάνων

τὰς

de Judith qu'une femme qui à l'aide d'une suite infinie de mensonges, & au risque d'être outragée & violée malgré elle, assassina un Général qui l'avoit reçue dans son camp avec beaucoup d'humanité. Nous n'avons besoin pour nous instruire de nos devoirs, que du Nouveau Testament; ce livre divin doit faire notre lecture ordinaire: tout y est conforme aux idées de la plus sainte & de la plus sublime morale. Au reste en voulant que l'on interdise au peuple la lecture du Vieux Testament, je n'en ai pas moins pour ce livre le pro-

De quel regne glorieux & utile aux hommes vous parlerai-je? sera-ce de celui de Persée, d'Eaque, ou de Minos Roi de Crete? ce dernier purgea la mer des Pirates, après avoir mis les barbares en fuite, depuis la Syrie jusqu'en Sicile. Il établit sa domination, non seulement sur toutes les villes, mais encore sur toutes les côtes maritimes. Le même Minos, ayant associé son frere à son Royaume, lui donna à gouverner une partie de ses sujets. Minos établit des loix admirables, qui lui avoient été communiquées

par

fond respect que tout chrétien lui doit; mais je dis que de même qu'il seroit très blamable d'agiter devant le peuple certaines matieres & certains dogmes, que nos habiles théologiens discutent tous les jours entr'eux; de même aussi, quoique la lecture de la Bible soit très utile à ces docteurs, il faut cependant la défendre au peuple, par la raison qu'on n'explique pas devant lui bien des questions qui seroient plus capables de le scandaliser que de l'instruire, quoique ces questions roulent sur des vérités respectables.

τὰς νόμους· ἐκείνῳ δὲ τὸ δικαστικὸν ἠφίει μέρος ἀναπληροῦν.

Ὁ δὲ Ἰησοῦς ἀναπείσας τὸ χείριστον τῶν παρ᾽ ὑμῖν, ὀλίγοις πρὸς τοῖς τριακοσίοις ἐνιαυτοῖς ὀνομάζεται, ἐργασάμενος παρ᾽ ὃν ἔζη χρόνον ἔργον οὐδὲν ἀκοῆς ἄξιον, εἰ μή τις οἴεται τοὺς κυλλοὺς καὶ τυφλοὺς ἰάσασθαι, καὶ δαιμονιῶντας

58 Comment est-ce que Julien osoit reprocher aux Juifs, de prétendre avoir reçu leurs loix de Dieu-même, lorsqu'il écrivoit que Jupiter avoit donné à Minos celles qu'il avoit publiées? En avançant une pareille fable, ne sentoit-il pas tout l'avantage, qu'il donnoit à ses adversaires? Aussi S. Cyrille en a-t-il bien profité. „Ce „Minos, *dit-il*, que vous assurez avoir reçu ses loix „de Jupiter, ne se contenta pas du Royaume de Crête „qui lui appartenoit; mais poussé par son ambition dé-„mesurée, il s'empara de beaucoup de pays sur lesquels „il n'avoit aucun droit: il envahit toutes les villes, il „en soumit les peuples, & les réduisit dans l'esclavage. „Après cela il surpassa ensuite par sa méchanceté ses pre-

DE L'EMPEREUR JULIEN. 147

par Jupiter; [58] & c'étoit selon ces loix que Rhadamante exerçoit la justice.

Mais qu'a fait votre Jésus qui, après avoir séduit quelques Juifs des plus méprisables, est connu seulement depuis trois cens ans? pendant le cours de sa vie, il n'a rien exécuté, dont la mémoire soit digne de passer à la postérité; si ce n'est que l'on ne mette au nombre des grandes actions, qui ont fait le bonheur de l'Univers, [59] la guérison de quel-

„miers crimes. C'est pourquoi Homere lui donne le „nom de cruel. Je vis, dit-il, Phedre, Procné & la „belle Ariane, & la fille du pernicieux Minos.
Φαίδρην τε πρόκνην τε ἴδον καλήν τ᾽ Ἀριάδνην
Κέρην Μίνωος ὀλοόφρονος. Odiss. lib. XI. verf. 320.
„Le Poëte Callimaque ne dit-il pas encore? *Il impose* „*un joug pesant sur le cou des Insulaires.* S'il eût été „bon, s'il n'eût pas cherché à faire des conquêtes in- „justes, le prince des Poëtes ne l'eût jamais appellé *cruel*, „& l'on ne lui eût pas reproché d'avoir soumis, sous un „joug insuportable, toutes les villes qu'il avoit conquises.„

[59] Il est étonnant que Julien ait pû s'aveugler jusqu'au point de ne pas voir que les Miracles de Jésus

ὧντας ἐξορκίζειν ἐν Βηθσαϊδᾷ καὶ ἐν Βηθανίᾳ ταῖς κώμαις, τῶν μεγίστων ἔργων εἶναι.

Ἀλλ᾽ ἐπειδὴ κτισθεῖσαν αὐτὴν πολλοὶ μὲν περιέστησαν πόλεμοι, πάντων δὲ ἐκράτει καὶ κατηγωνίζετο, καὶ παρ᾽ αὐτὰ μᾶλλον αὐξανομένη τὰ δεινά, τῆς ἀσφαλείας ἐδεῖτο μείζονος, αὖθις ὁ Ζεὺς

Chriſt, qu'il regarde comme inutiles, changerent bientôt après la face de l'Univers, arracherent le monde à l'idolatrie, & détruiſirent l'impiété. Ces Juifs vils, qu'il dit avoir été ſéduits par Jéſus-Chriſt, & qui furent ſes Apôtres, porterent la vérité d'un bout du monde à l'autre; éclairerent les hommes, leur arracherent le bandeau de l'erreur, rendirent mépriſables & odieuſes la philoſophie & la religion des païens, & firent tomber peu après dans le mépris, & même dans l'oubli, les philoſophes païens que Julien s'efforçoit en vain de louer, pour leur rendre leur ancienne réputation, dont ils étoient presque entierement déchus dès le tems de cet Empereur. Les opinions de tous les philoſophes, diſoit Lactance, ſont également inſenſées en elles-mêmes & par les argumens dont on les ſoutient. *Cogitationes omnium philoſophorum ſtultas eſſe; id ipſum re & argumentis dicendum eſt.* „Lact. inſt. lib. 3.

quelques boiteux, & de quelques démoniaques des petits villages de Bethsaïda & de Béthanie.

Après que ⁶⁰ Rome eut été fondée, elle soutint plusieurs guerres, se défendit contre les ennemis qui l'environnoient, & en vainquit une grande partie : mais le péril étant augu-

---

60 *Après que Rome eut été fondée.* Il y a ici manifestement une lacune : car Julien ne nomme pas *la Ville de Rome*, il se sert seulement du pronom *elle* αὐτὴν, ce qui marque qu'il a parlé auparavant de Rome. Cela est évident par ce que dit S. Cyrille. *Julien*, écrit ce Pere, *ayant beaucoup dit de choses peu importantes de Dardanus, passe d'abord à la fuite d'Enée, & à l'arrivée des Troyens en Italie, & fait ensuite mention de Remus & de Romulus, & raconte comment Rome avoit été fondée.* Rien de tout cela ne se trouve dans le texte de Julien. Plaçons ici les paroles de S. Cyrille. Ἀποπεράνας δὲ κατὰ τὸ αὐτῷ δοκοῦν τὸ κενὸν ἐπὶ Δαρδάνῳ ῥαψῴδημα, μέτεισιν εὐθὺς ἐπὶ τὴν Αἰνείου φυγὴν, καὶ τὴν ἐκ Τροίας ἄπαρσιν ἐπὶ τὰ τῶν Ἰταλῶν ἔθνη διηγεῖται σαφῶς, Ῥήμου τε καὶ προσέτι Ῥωμύλου ποιεῖται μνήμην, καὶ τίνα τρόπον ἡ Ῥώμη συνῳκίσθη. S. Cyril. cont. Julian. lib. VI. pag. 193.

ὁ Ζεὺς τὸν φιλοσοφώτατον αὐτῇ Νυμᾶν ἐφί-
ςησιν. ὖτος ἦν ὁ καλὸς καὶ ἀγαθὸς ὁ Νυμᾶς,
ἄλσεσιν ἐρήμοις ἐνδιατρίβων, καὶ συνὼν ἀεὶ
τοῖς θεοῖς κατὰ τὰς ἀκραιφνεῖς αὐτῦ νοήσεις.
καὶ μεθ᾽ ἕτερα· ὖτος τὺς πλείςυς τῶν ἱερατικῶν
κατέςησε νόμυς.

Ταῦτα μὲν ἂν ἐκ κατοχῆς καὶ ἐπιπνοίας
θείας, ἔκτε τῶν τῆς Σιβύλλης καὶ τῶν ἄλλων,
οἳ δὴ γεγόνασι κατὰ τὴν πάτριον φωνὴν χρης-
μολόγοι, φαίνεται δὺς ὁ Ζεὺς τῇ πόλει. τὴν
δὲ ἐξ ἀέρος πεσῦσαν ἀσπίδα, καὶ τὴν ἐν τῷ
λόφῳ κεφαλὴν φανεῖσαν, ὅθεν οἶμαι καὶ τὂ-
νομα προσέλαβεν ἡ τῦ μεγάλυ Διὸς ἕδρα, πότερον ἐν τοῖς πρώτοις ἢ τοῖς δευτέροις ἀριθμή-
σομεν τῶν δώρων; Εἶτα, ὦ δυςυχεῖς ἄνθρωποι,
σωζομένυ τῦ παρ᾽ ἡμῖν ὅπλυ Διοπετῦς, ὁ κα-
τέπεμ-

augumenté, & par conséquent le secours lui étant devenu plus nécessaire; Jupiter lui donna Numa, qui fut un homme d'une vertu admirable, qui se retirant souvent dans des lieux écartés, conversoit avec les Dieux familierement, & recevoit d'eux des avis très salutaires sur les loix qu'il établit, & sur le culte des choses religieuses.

Il paroît que Jupiter donna lui-même une partie de ces institutions divines à la ville de Rome, par des inspirations à Numa, par la Sybille, & par ceux que nous appellons Devins. Un bouclier tomba du Ciel; on trouva une tête en creusant sur le mont Capitolin, d'où le Temple du grand Jupiter prit son nom. Mettrons-nous ces bienfaits, & ces présents des Dieux au nombre des premiers, ou des seconds qu'ils font aux nations? Mais vous, Galiléens, les plus malheureux des mortels par vôtre prévention, lorsque vous refusez d'adorer le bouclier

τέπεμψεν ὁ μέγας Ζεὺς, ἤτοι πατὴρ Ἄρης, ἐνέχυρον διδοὺς ȣ λόγον, ἔργον δὲ, ὅτι τῆς πόλεως ἡμῶν εἰς τὸ διηνεκὲς προασπίσει, προσκυνεῖν ἀφέντες καὶ σέβεϑαι, τὸ τȣ σαυρȣ προσκυνεῖτε ξύλον, εἰκόνας αὐτȣ σκιαγραφȣντες ἐν τῷ μετώπῳ, καὶ πρὸ τῶν οἰκημάτων ἐγγράφοντες. Ἆρα ἀξίως ἄν τις συνετωτέρȣς ὑμῶν μισήσειεν, ἢ τȣς ἀφρονεςέρȣς ἐλεήσειεν, οἱ κατακολȣϑȣντες ὑμῖν εἰς τȣτο ἦλϑον ὀλέϑρȣ,

61 Voici un des endroits de Julien dont la vérité peut retirer un grand avantage. On voit qu'il est certain, que dès le tems de cet Empereur, & même auparavant, le Dogme de l'adoration de la Croix étoit établi chez les Chrétiens; qu'ils faisoient le signe de la Croix sur leurs fronts, ainsi que les Catholiques le font aujourd'hui. Pourquoi donc les Protestants condamnent-ils, comme un usage nouveau, une pieuse cérémonie, presque établie dès le commencement du Christianisme? Remarquons ici, avec le Pere Petau, que la lecture des ouvrages de Ju-

tombé du Ciel, honoré depuis tant de siecles par vos ancêtres, comme un gage certain de la gloire de Rome, & comme une marque de la protection directe de Jupiter & de Mars; vous adorez le bois d'une croix, [61] vous en faites le signe sur votre front, & vous le placez dans le plus fréquenté de vos appartements. Doit-on haïr, ou plaindre & mépriser ceux, qui passent chez vous pour être les plus prudents, & qui tombent cependant dans des erreurs si funestes? ces insensés, après avoir abandonné le culte des

---

lien est très-utile, pour la connoissance de beaucoup d'usages de l'ancienne Eglise, & que ces usages doivent être d'autant moins rejettés aujourd'hui comme faux, que leur vérité est prouvée, par le témoignage des ennemis de la religion chrétienne. *Hæc & hujus generis alia priscarum ecclesiæ consuetudinum non injucundam memoriam offerunt; & eo quidem mirabiliorem, quod ab hoste christianorum & transfuga, de iis ipsis testimonium dicitur.* „Dionis. Petavii præf. in Juliani Opera."

θρᾶ, ὥςε τὰς αἰωνίας ἀφέντες Θεὺς, ἐπὶ τῶν Ἰυδαίων μεταβῆναι νεκρόν;

Τὸ γὰρ ἐκ θεῶν εἰς ἀνθρώπυς ἀφικνύμενον πνεῦμα, σπανιάκις μὲν καὶ ἐν ὀλίγοις γίνεται, καὶ ὅτε πάντα ἄνδρα τότε μεταχεῖν ῥᾴδιον, ὅτε ἐν παντὶ καιρῷ. ταύτῃ τοι καὶ τὸ παρ' Ἑβραίοις ἐπέλιπεν, ὐκῦν ὐδὲ παρ' Αἰγυπτίοις εἰς τῦτο σώζεται. Φαίνεται δὲ καὶ τὰ αὐτοφυῆ χρηστήρια ταῖς τῶν χρόνων εἴκοντα περιόδοις. ὁ δὴ Φιλάνθρωπος ἡμῶν δεσπότης καὶ πατὴρ Ζεὺς ἐννοήσας, ὡς ἂν μὴ παντάπασι τῆς πρὸς τὰς Θεὺς ἀποςερηθῶμεν κοινωνίας, δέδωκεν ἡμῖν διὰ τῶν ἱερῶν τεχνῶν ἐπίσκεψιν, ὑφ' ἧς πρὸς τὰς χρείας ἕξομεν τὴν ὑποχρῶσαν βοήθειαν.

Ἔλαθέ με μικρῦ τὸ μέγιστον τῶν Ἡλίυ καὶ Διὸς δώρων. εἰκότως δὲ αὐτὸ ἐφύλαξα ἐν τῷ

Dieux éternels, suivi par leurs Peres, prennent pour leur Dieu un homme mort chez les Juifs.

L'inspiration divine, que les Dieux envoient aux hommes, n'est le partage que de quelques-uns dont le nombre est petit; il est difficile d'avoir part à cet avantage, & le tems n'en peut être fixé. Ainsi les Oracles, & les Prophéties non seulement n'ont plus lieu chez les Grecs, mais même chez les Egyptiens. L'on voit des Oracles fameux cesser dans la révolution des tems: c'est pourquoi Jupiter, le protecteur & le bienfaiteur des hommes, leur a donné l'observation des choses qui servent à la divination, afin qu'ils ne soient pas entierement privés de la société des Dieux, & qu'ils reçoivent, par la connoissance de cette science, les choses qui leur sont nécessaires.

Peu s'en est fallu, que je n'aie oublié le plus grand des bienfaits de Jupiter & du Soleil:

τῷ τέλει. καὶ γὰρ ἐκ ἴδιον ἐςὶν ἡμῶν μόνον, ἀλλ' οἶμαι κοινὸν πρὸς Ἕλληνας τὰς ἡμετέρας συγγενεῖς. Ὁ γὰρ Ζεὺς, ἐν μὲν τοῖς νοητοῖς ἐξ ἑαυτῦ τὸν Ἀσκληπιὸν ἐγέννησεν, εἰς δὲ τὴν γῆν διὰ τῆς Ἡλίυ γονίμυ ζωῆς ἐξέφηνεν. ὗτος ἐπὶ γῆς ἐξ ὐρανῦ ποιησάμενος πρόοδον, ἑνοειδῶς μὲν ἐν ἀνθρώπυ μορφῇ περὶ τὴν Ἐπίδαυρον ἐφάνη. πληθυνόμενος δὲ ἐντεῦθεν ταῖς προόδοις, ἐπὶ πᾶσαν ὤρεξε τὴν γῆν τὴν σωτήριον ἑαυτῦ δεξιάν. ἦλθεν εἰς Πέργαμον, εἰς Ἰωνίαν, εἰς Τάραντα μετὰ ταῦθ', ὕςερον ἦλθεν εἰς τὴν Ῥώμην. ὤχετο εἰς Κῶ. ἐνθένδε εἰς Αἰγάς. εἶτα πανταχῦ γῆς ἐςὶ καὶ θαλάσσης, ὐ καθ' ἕκαςον ἡμῶν ἐπιφοιτᾷ, καὶ ὅμως ἐπανορθῦται ψυχὰς πλημμελῶς διακειμένας καὶ τὰ σώματα ἀσθενῶς ἔχοντα.

Τί

[62] *D'en parler jusqu'à présent, εἰκότως δὲ αὐτὸ ἐφύλα-*

Soleil: ce n'est pas sans raison que j'ai différé d'en parler jusqu'à présent. ⁶² Ce bienfait ne regarde pas les seuls Grecs, mais toutes les nations qui y ont eu part. Jupiter ayant engendré Esculape, (ce sont des vérités couvertes par la fable, & que l'esprit peut seul connoître.) ce Dieu de la Médicine fut vivifié dans le monde, par la fécondité du Soleil. Un Dieu si salutaire aux hommes étant donc descendu du Ciel, sous la forme humaine, parut d'abord à Epidaure; ensuite il étendit une main secourable par toute la terre. D'abord Pergame se ressentit des ses bienfaits, ensuite l'Jonie & Tarente: quelques tems après Rome, l'île de Co, & les régions de la Mer Egée. Enfin toutes les nations eurent part aux faveurs de ce Dieu, qui guérit également les maladies de l'esprit, & celles du corps, détruit les vices du premier & les infirmités de second.

Les

ξα ἐν τῷ τέλει mot à mot *que je l'aie conservé jusqu'à la fin.*

Τί δὲ τοιοῦτον Ἑβραῖοι καυχῶνται παρὰ τοῦ Θεοῦ δεδόσθαι, πρὸς ἃς ὑμεῖς ἀφ' ἡμῶν αὐτομολήσαντες πείθεσθε; εἰ τοῖς ἐκείνων γοῦν προσείχετε λόγοις, καὶ ὃ παντάπασιν ἐπεγράφητε δυσυχεῖς; ἀλλὰ χεῖρον μὲν ἢ πρότερον, ὁπότε σὺν ἡμῖν ἦτε, οἶσα δὲ ὅμως πεπόνθειτε ἂν καὶ φορητά. Ἕνα γὰρ ἀντὶ πολλῶν ἐσέβεσθε ἂν οὐκ ἄνθρωπον, μᾶλλον καὶ πολλοὺς ἀνθρώπους δυσυχεῖς. καὶ νόμῳ σκληρῷ μὲν καὶ τραχεῖ, καὶ πολὺ τὸ ἄγριον ἔχοντι καὶ βάρβαρον, ἀντὶ τῶν παρ' ἡμῖν ἐπιεικῶν καὶ φιλανθρώπων, χρώμενοι, τὰ μὲν ἄλλα χείρονες ἂν ἦτε,

ἀγνό-

63 Comment Julien osoit-il dire, que les Chrétiens avoient embrassé une Loi remplie de grossiereté & de barbarie? eux qui, après avoir ôté du Judaïsme tout ce qu'il avoit ou de trop dur, comme la circoncision &

Les Hébreux peuvent-ils se vanter d'avoir reçu un pareil bienfait de l'Etre Suprême? Cependant, Galiléens, vous nous avez quittés, & vous avez, pour ainsi dire, passé comme des transfuges auprès des Hébreux. Du moins vous eussiez dû, après vous être joints à eux, écouter leurs discours; vous ne seriez pas actuellement aussi malhereux que vous l'êtes; & quoique votre sort soit beaucoup plus mauvais, que lorsque vous étiez parmi nous, on pourroit le regarder comme supportable, si après avoir abandonné les Dieux, vous en eussiez du moins reconnu un, & n'eussiez pas adoré un simple homme comme vous faites aujourdhui. Il est vrai que vous auriez toujours été malheureux d'avoir embrassé une Loi remplie de [63] grossiereté & de barbarie,

l'abstinence des viandes défendues, ou de trop inhumain comme la lapidation des femmes adulteres; avoient établi, sur les préceptes de leur divin Maître, une morale admirable & faite pour rendre heureux l'Univers. On

ἁγνότεροι δὲ καὶ καθαρώτεροι τὰς ἁγιςείας· νῦν δὲ ὑμῖν συμβέβηκεν ὥσπερ ταῖς βδέλλαις, τὸ χείριςον ἕλκειν αἷμα ἐκεῖθεν, ἀφεῖναι δὲ τὸ καθαρώτερον.

Ἁγνείας μὲν γὰρ ὐδὲ εἰ πεποίηται μνήμην ἐπίςαςθε· ζηλῶτε δὲ αὐτῶν τὰς θυμὰς, καὶ τὴν πικρίαν, ἀνατρέποντες ἱερὰ καὶ βωμὰς, καὶ ἀπεσφάξατε ὐχ ἡμῶν μόνον τὰς τοῖς πατρῴοις ἐμμένοντας, ἀλλὰ καὶ τῶν ἐξίσης ὑμῖν πεπλανημένων αἱρετικῶν τὰς μὴ τὸν αὐτὸν τρόπον

voit la prévention & le zele des Controversistes dans tous les reproches, que Julien fait aux Chrétiens contre leurs mœurs. Il y avoit, il est vrai, de mauvais Chrétiens sous le regne de cet Empereur, comme il y en a eu dans tous les tems: mais l'équité ne demandoit-elle pas qu'il séparât les gens vertueux des coupables, & qu'il ne portât pas un jugement aussi faux des Chrétiens en général?

rie, mais quant au culte que vous auriez, il seroit bien plus pur & plus raisonnable, que celui que vous professez: il vous est arrivé la même chose qu'aux sang sues, vous avez tiré le sang le plus corrompu, & vons avez laissé le plus pur.

Vous n'avez point recherché ce qu'il y avoit de bon chez les Hébreux; vous n'avez été occupés qu'à imiter leur mauvais caractere & leur fureur: comme eux vous détruisez les temples & les autels. Vous égorgez non seulement ceux qui sont Chrétiens, auxquels vous donnez le nom d'hérétiques, parcequ'ils ont des Dogmes différents de vôtres

sur

Tous les Philosophes payens, qui ont écrit contre notre Religion, ont eu le même défaut que Julien: ils ont souvent employé la calomnie: c'est ce que leur reproche S. Augustin, *contra Philosophorum calumnias defendimus civitatem Dei, hoc est eius ecclesiam.* Aug. de Civit. Dei lib. 2.

τρόπον τὸν νεκρὸν θρηνοῦντας. Ἀλλὰ ταῦτα ὑμέτερα μᾶλλον ἐςίν. οὐδαμοῦ γὰρ οὔτε Ἰησοῦς αὐτὰ παρέδωκε κελεύων ὑμῖν, οὔτε Παῦλος· αἴτιον δὲ, ὅτι μηδὲ ἤλπισαν εἰς τοῦτο ἀφίξεσθαί ποτε δυνάμεως ὑμᾶς. ἠγάπων γὰρ, εἰ θεραπαίνας ἐξαπατήσουσι καὶ δούλους, καὶ διὰ τούτων τὰς γυναῖκας, ἄνδρας τε, οἵους Κορνήλιος καὶ Σέργιος. ὧν εἷς ἐὰν φανῇ τῶν τηνικαῦτα γνωριζομένων ἐπιμνησθεὶς, ἐπὶ Τιβερίου γὰρ ἤτοι Κλαυδίου ταῦτα ἐγίνετο, περὶ πάντων ὅτι ψεύδομαι νομίζετε.

Ἀλλὰ

64 *Dogmes différents des vôtres sur le Juif mis à mort par les Hébreux:* τοὺς μὴ τὸν αὐτὸν τρόπον ὑμῖν τὸν νεκρὸν θρηνοῦντας *mot à mot, parcequ'ils pleurent différemment le mort que vous.* Julien a eu en vue ici les persécutions

sur le Juif mis à mort [64] par les Hébreux; mais les opinions que vous soutenez, sont des chimeres que vous avez inventées. Car ni Jésus, ni Paul ne vous ont rien appris sur ce sujet. La raison en est toute simple; c'est qu'ils ne se sont jamais figuré que vous parvinssiez à ce degré de puissance que vous avez atteint. C'étoit assez pour eux de pouvoir tromper quelques servantes, & quelques pauvres domestiques; de gagner quelques femmes & quelques hommes du peuple, comme Cornelius & Sergius. Je consens de passer pour un imposteur, si parmi tous les hommes qui sous le regne de Tibere & de Claude, ont embrassé le Christianisme, on peut en citer un qui ait été distingué ou par sa naissance, ou par son mérite.

Je

que les Orthodoxes avoient fait souffrir aux Arriens, sous le regne de Constantin, & celles que les Arriens avoient fait souffrir sous Constance aux Orthodoxes. Il est bien facheux que l'intolérance prête toujours des armes dan-

Ἀλλὰ τᾶτο μὲν ἀκ οἶδ᾽ ὅθεν ὥσπερ ἐπιπνεόμενος ἐφθεγξάμην, ὅθεν δὲ ἐξέβην, ὅτι πρὸς τὰς Ἰυδαίυς ηὐτομολήσατε, τί τοῖς ἡμετέροις ἀχαρισήσαντες θεοῖς; ἆρ᾽ ὅτι βασιλεύειν ἔδοσαν οἱ θεοὶ τῇ Ῥώμῃ, τοῖς Ἰυδαίοις ὀλίγον μὲν χρόνον ἐλευθέροις εἶναι, δυλεῦσαι δὲ ἀεὶ καὶ παροικῆσαι; Σκόπει τὸν Ἀβραάμ, ὐχὶ πάροικος ἦν ἐν γῇ ἀλλοτρίᾳ; τὸν Ἰακὼβ, ὐ πρότερον μὲν Σύροις, ἑξῆς δὲ ἐπὶ τύτοις Παλαισινοῖς, ἐν γήρᾳ Αἰγυπτίοις ἐδέλευσεν; Οὐκ ἐξ οἴκυ δυλείας

gereuſes aux ennemis de la vérité, & leur ſerve de prétexte pour décrier la Religion Chrétienne, qui eſt fondée ſur l'amour de Dieu & du prochain, ſur le pardon des offenſes, ſur la néceſſité de ſupporter en patience les maux qu'on peut nous faire. Comment, dans une croyance auſſi ſainte, quelques Théologiens ont, ils prétendu trouver le dogme de l'intolérance & de la perſécution?

Je sens un mouvement qui paroît m'être inspiré, & qui m'oblige tout à coup, Galiléens, à vous demander, pourquoi vous avez déserté les Temples de nos Dieux, pour vous sauver chez les Hébreux. Est-ce parceque les Dieux ont donné à Rome l'Empire de l'Univers; & que les Juifs, si l'on excepte un très court intervalle, ont toujours été les esclaves de toutes les nations? Considérons d'abord Abraham, il fut étranger & voyageur dans un pays, dont il n'étoit pas citoyen. Jacob ne servit-il pas en Syrie, ensuite dans la Palestine, & enfin dans sa vieillesse en Egypte? Mais, dira-t-on, est-ce que Moïse ne fit pas sortir d'Egypte les descen-

---

L'enfer n'est pas aussi opposé au Ciel, & les Anges ne le sont pas autant aux Diables, que l'esprit de l'inquisition l'est à celui de l'Evangile. *Væ illi qui dixerit fratri suo racha!* „Malheur à celui qui appellera son frere „racha!„ C'est bien autre chose de le bruler, que de lui dire *racha* ou une autre injure.

ας ἐξήγαγεν αὐτὰς ὁ Μωσῆς ἐξ Ἀιγύπτε ἐν βραχίονι ὑψηλῷ; κατοικήσαντες δὲ τὴν Παλαιςίνην ἐ πικρότερον ἤμειψαν τὰς τύχας, ἢ τὸ χρῶμα φασὶν οἱ τεθεαμένοι τὸν χαμαιλέοντα, νῦν μὲν ὑπακέοντες τοῖς κριταῖς, νῦν δὲ τοῖς ἀλλοφύλοις δελεύοντες; Ἐπειδὴ δὲ ἐβασίλευθησαν, ἀφείθω δὲ νῦν ὅπως· ἔτε γὰρ ὁ Θεὸς ἑκὼν αὐτοῖς τὸ βασιλεύεθαι συνεχώρησεν, ὡς ἡ γραφή φησιν, ἀλλὰ βιαθεὶς ὑπ' αὐτῶν, καὶ προδιαςειλάμενος ὅτι ἄρα φαύλως βασιλευθήσονται. πλὴν ἀλλ' ᾤκησαν γῆν τὴν ἑαυτῶν καὶ ἐγεώργησαν ὀλίγα πρὸς τοῖς τετρακοσίοις ἔτεσιν. ἐξ ἐκείνε πρῶτον Ἀσσυρίοις, εἶτα Μήδοις, ὕςερον Πέρσαις ἐδέλευσαν, εἶτα νῦν ἡμῖν αὐτοῖς.

cendants de Jacob; & ne les arracha-t-il pas de la maison de servitude? à quoi servit aux Juifs, quand ils furent dans la Palestine, leur délivrance d'Egypte? est-ce que leur fortune en devint meilleure? elle changea aussi souvent que la couleur du Caméléon. Tantôt soumis à leurs Juges, tantôt à des étrangers, ensuite à des Rois que leur Dieu ne leur accorda pas de bonne grace; forcé par leur importunité, il consentit à leur donner des Souverains, les avertissant qu'ils seroient plus mal sous leurs Rois, qu'ils ne l'avoient été auparavant. Cependant malgré cet avis ils cultiverent, & habiterent plus de quatre cens ans leur pays. Ensuite ils furent esclaves des Assyriens, des Medes, des Perses, & ils sont les nôtres aujourdhui.

FIN DU TOME PREMIERE.

www.ingramcontent.com/pod-product-compliance
Lightning Source LLC
Chambersburg PA
CBHW070545160426
43199CB00014B/2376